阿德勒愛與引導在教育的實踐

12個幫助孩子發展
歸屬、信心、貢獻的教育現場故事

吳毓瑩・吳淑禎
——主編——

衷心推薦

本書中的故事，每位老師都充分展現阿德勒學說中最重要的核心價值——社會情懷。

——曾端真（國立台北教育大學退休教授）

感謝終於有這樣的一本好書讓我們看到一群教師如何應用阿德勒心理學原則讓孩子願意合作，視整體福祉勝於個人利益，遭逢困境時願意進行問題解決並為自己的行為及抉擇負責。台灣社會需要更多這樣的有勇氣的人師，因為他們教給孩子的其實是生活的藝術。

——楊瑞珠（臺灣阿德勒心理學會理事長）

這十二位老師為孩子所做的一切，讓人感動。

——李佳燕（家庭醫師、「還孩子做自己行動聯盟」發起人）

透過十二篇動人、真摯的真實故事，除了欽佩這些老師，更不斷提醒自己要練習看透孩子表象讓我們抓狂的行為，進而瞭解、同理孩子心中真正的渴求與目的。陪伴孩子，讓我成長。

——許芯瑋（ＤＦＣ臺灣發起人）

書中提到老師們與學生相處過程令人鼻酸與不捨，阿德勒說：「老師是孩子的遲來父母。」在老師們愛與引導之下看到孩子學習蛻變與成長，希望ＭＯＸＡ心源教育基金會的拋磚引玉，讓更多老師和家長重視與學習如何與孩子共處，讓台灣的善與美長存。

——張麗慧（財團法人ＭＯＸＡ心源教育基金會秘書長）

想讓自己成為孩子心靈成長的工程師，阿德勒絕對是你該追隨的導師及典範。

——溫美玉（國立臺南大學附設實驗國民小學教師）

若說教育是「生命影響生命」的過程，這份力量不只在於老師單向影響孩子、更也來自老師與自己心中的孩子的對話。當老師們讀懂自己的生命故事，才能創造深刻的雙向同理，而阿德勒正是其中的典範與重要幫助。

——劉安婷（「Teach For Taiwan 為台灣而教」創辦人）

書中充滿希望的曙光，就在教育愛中蔓延開來。

——顏美雯（花蓮縣ＫＩＳＴ三民國小教師）

自序
師生之間綿延不絕的連結

2012，是我們相逢的那一年。

我們兩人共同主編這一本書，與12位現場小學老師，為讀者呈上我們相逢以來，這些常常縈繞在心懷的故事。我們的組合，也是2012啊！毓瑩與淑禎2人及12位小學教師夥伴。

然而，2012背後還有許多人，一起成就了這樣的故事，而我們僅僅是代言而已。

遠流出版公司溫柔而堅定的出版三部團隊，賦予我們充分飽滿的勇氣。曉玲編輯面對14位作者，處理著如同編輯14本書般的繁瑣編務與聯繫，永遠耐心而堅持，是我們溫暖的後盾。

2012相逢的源頭，有許多因緣。張英熙、淑禎、以及吳珍，是青年時期彰化師範大學輔導與諮商學系的前後期同學，後來英熙寫了數本關於鼓勵的書，如《看見孩子的亮點：阿德勒鼓勵原則在家庭及學校中的運用》，以及《從失落到接納：特殊兒童家長心理支持團體實務》。淑禎以阿德勒心理學為基礎，寫了碩士與博士論文。三人組也共同創造了數個阿德勒心理學基礎的成長團體與學習團體以及研究成果。毓瑩是在 2012 暑假因為優秀的新北市葉霜老師推薦邀請淑禎共同開課而結緣。四人一起工作，如同認識很久的老朋友。大家也共赴北美阿德勒學會（NASAP, North American Society of Adlerian Psychology）年度學術會議，進行報告、一同窩在楊瑞珠老師在芝加哥的溫暖小窩。如此延續下來的革命情感，後來我們四人響應瑞珠，一起支持臺灣阿德勒心理學會（TSAP，Taiwan Society of Adlerian Psychology）的成立。

話說回當年，曾端真老師，我們的大姊，拉起了ＭＯＸＡ心源教育基金會與我們之間的連結。感謝ＭＯＸＡ心源教育基金會，看到了社會的建構，要從心靈導師開始。欣賞暱稱大姐頭的端真老師之睿智，看到資源、需求與強項，連繫多方、促成彼此交流與合作。

2012，ＭＯＸＡ心源教育基金會開啟第一屆兒童班的心靈導師培訓，端真與夥伴已經於更早兩年前開始進行青少年班的心靈導師培訓。英熙、淑禎、毓瑩、吳珍，共同帶領小學教師，四年以降，我們帶領兩屆心靈導師，書中十二位夥伴皆為第一屆兒童班的心靈導師。感謝新北市光華國小林惠珍校長以及行政團隊，提供我們溫馨又知性的研習場所。大家在這兒共同渡過寒假、暑假的集中訓練，以及平日的學期間督導與分享。即使訓練結束，學習團體仍舊運作。夥伴借重新北市學習社群的資源，繼續相互幫忙、分享、共同專業成長。五年以來有夥伴從未婚、已婚懷孕到生子，有夥伴的孩子從國中到大學，從幼兒園到小學，有夥伴取得碩士學位，也有夥伴離職教育崗位，亦有進入另類學校團體。

我們共同的成長是，當我們與學生在一起，我們不是被學生的憤怒或無理或激動或吵鬧給激怒了，而是，我們慢慢地、溫柔地、堅定地、看著孩子，看到他內在的渴望，就是那麼單純，他期待連結與歸屬，他希望長出能力，他也想要貢獻。他希望被看見，所以他生氣；他希望被了解，所以他憤怒。我們懂了。

回想淑禎的博士論文，提及早期記憶對於大學生適應與困擾的影響，並提出如何讓大學生重新長出力量的研究結果。而此刻的我們，看著小學生在身邊吵著、鬧著、讀著、寫著，忽然驚覺，我們正在與孩子共同編織他未來回看時候的童年記憶啊！

就是此時此刻，小小年紀的孩子，他如何記取生活的片段，就是他所串起的生命軸線（life line），孩子邊走著自己的人生，邊在建構生命的樣貌與風格，自我導引著自己如何看待人生。如此想來，身為老師的我們怎能不更加謹慎？不更加柔軟？更勇敢地把愛拿出來？更敏銳地看懂孩子？

我們學習接納自己的脆弱，看到自己也有無力的時刻，就不會與孩子比生氣，也不會跟孩子比大聲了。

今年六月，學習社群仍舊繼續著，我們彼此在教學專業上共備與共學。某次聚會，社群中一位夥伴提起慶祝端午節而為班上舉辦活動搞得她心情不好的故事。首先，外出之前，夥伴身為老師，先在教室裡講解活動，提醒外出踏青的流程。此時，幾個孩子就開始大喊不想參加活動、不想吃粽子。我們的夥伴，這位教室裡面唯一的老師，身為活動主辦者，想到安排活動的細瑣，照顧方方面面的辛苦，尤其孩子外出，對於安全的擔心等等，已經很繁重了，大家都還沒踏出教室，就已經開始被學生埋怨成這樣，這個不好玩、那個不好吃，越想越生氣。低頭看看各式各樣的粽子，也是每個同學家裡準備的，都是希望帶來一起分享，再不想吃，也用不著這樣大吵大鬧擾動大家的心情吧？對於孩子的不懂事，老師的心情真的被擾動了。

帶著粽子走出教室，野餐草地上每個孩子都在享受美食，就連那些喊不吃的孩子最後也吃了起來。老師看著他們吃得開心，回想著他們之前抗拒的嫌惡模樣，心中開始了許多小劇場上演。回到教室後分享今天的活動，老師真覺得這幾個孩子就是需要教訓，不知感恩、不知惜福、唯我獨尊。老師義正嚴詞好好訓了孩子們一頓，這幾個孩子忽然間被老師嚇到了，反應不過來。老師也突然意識到自己的情緒高漲，整理好自己心情後，轉過身來，又開始上課，留著被嚇住的孩子，自己也留著心中這一塊石頭，一直梗著。覺得只是一件小事，但是自己的情緒就是被輕易地挑起來了。覺得自己是教育專業，卻這麼不專業向學生動怒開罵。心中有些許的挫敗，或許自己實在不適合這個領域，剛好與學校的約到這學年度截止，想一想，就在此刻離開吧。

帶著決定離開學校的懊喪心情，大夥兒在學習社群中相會。粽子老師說，我不想續約了，這個領域不適合我。陪著粽子老師，我們大家一起，重演場景，從粽子老師帶著孩子體會許多次戶外踏青、淋雨、穿雨衣、進教室、端午分享、孩子發飆、老師動怒……。一路演來，教室裡的黑板，看著來來去去的老師，說話了；教室裡的書架，看著總在他身邊打轉的各式同學，他也說話了；還有高高矮矮的同學們，以及討厭吃粽子的孩子，都說出心裡的話。粽子老師流著淚，她在孩子身上看到自己，看到自己的有限、自己的偏愛與不能、自己只在乎自己的喜好、自己怯於嘗試、更看到自己害怕被別人看破、被發現自己的有限。粽子老師體會到當時在教室裡，面對不吃粽子的孩子，心中那股滿滿的情緒：討厭這孩子拒絕的樣子，如同討厭自己面對挫折就先拒絕的態度；氣憤孩子不嘗試就退縮的表現，如同氣憤自己面對下一刻的挑戰先選擇逃避的懦弱；看不見孩子心中的膽怯，如同忽略自己心中面對未來的恐懼。

對著孩子大吼，其實我們也在對自己大吼：

一顆粽子，你到底在討厭甚麼？

同學都在吃，你到底在擔心甚麼？

吃下去還能怎樣，你到底在拒絕甚麼？

老師認真辦這個活動，你到底在嫌棄什麼？

粽子老師在孩子身上看到了最討厭、最害怕、最不知道該怎麼辨的自己那脆弱的一面。粽子老師再次整理，感受到自己心中面對生涯抉擇離開現職的茫然、如果續任會被看破的害怕、即使繼續帶班是否會被嫌棄的擔心，想到這些心情，又更討厭自己。粽子老師懂孩子的心了，討厭、害怕、與擔心。雖然只是一顆粽子，心情沒有兩樣啊！

小從吃不吃粽子的決定，大到生涯的抉擇，心情是認真的。

小從七歲孩子，大到三十七歲老師，害怕是真實的。

我們在這條路上，鍛鍊自己，與孩子共感。

共感的目的，是為了連結；

連結當中，長出能力；

成長路上，彼此成就、貢獻社群；

困難之中，彼此鼓勵。

說著說著，怎麼又繞回了4C？4C是甚麼呢？請讀者開始在風檐下展書，讀讀我們您準備的十二個教育現場故事。

還記得，2012，是我們相遇的一年。五月天也有著這麼一首歌，叫做〈2012〉。

誰把，愉快的愉，換偷竊的偷？

難道，自找的找，是自我的我？

終於，未來的未，變末日的末？

我們啊，是先墜落，或先墜入自甘墮落？

我們啊，停不下來，以為闖關，卻在闖禍。

在老師的眼中，知道闖禍的小子內心深處，有著深深的渴望，渴望連結。老師想告訴末日的、偷竊的、自我的、自甘墮落的小子，好好看著2012這四個碼，在2與2之間，你我2人之間，有著0與1。0與1是萬事萬物計數的開始，是我們綿延不絕的連結。

我們相信，在師生相處中，我們如此。在人與人之間，我們依舊如此。

目録

導論

愛與引導：孩子，因為我在乎你

——吳毓瑩

仔細讀十二位老師引導孩子成長的故事，我看到了老師的頭痛，老師的挫折。我也看到老師的愛，老師的堅持。慧萱老師說：

「我碰過幾個像小威一樣的刺蝟男孩，一開始心總被他們扎得好疼，漸漸地，我窺見到他們脆弱易感的心靈其實滿是傷痕。」

淑妤老師說：

「面對一個本應該充滿活潑朝氣的年紀，卻已經放棄學習的小力，我的心裡感到十分惋惜和心疼，此時，我默默的給了自己一個期許，希望自己努力嘗試各種方法協助小力和他的父母，於是我告訴小力媽媽，我們可以一起努力把小力帶起來。」

老師何以頭痛？老師其實是心痛。心疼孩子的困境，心疼孩子受困的心情，心疼孩子的能力錯用在別的地方。

老師何以挫折？震宇老師說：

「我無法每天帶他回家，但我知道他會流連網咖。」

老師努力了，可是看不到成果；老師口苦，可能孩子聽不下去；老師婆心，可是常常枉費；老師拉入資源尋找合作，可是人人都有自己解決不完的煩惱。麗淑老師說：

「放學後，我獨自在教室整理一些雜物，滿腦子都是方才對話的場景和滿心的疑問，這股思緒迴盪在我的腦海中持續了整個周末，不斷地想著：這是甚麼樣的孩子啊？他是故意要挑戰我的嗎？這樣的話我該讓他挑戰嗎？我有辦法面對這個孩子嗎？」

這樣的煩惱，必也迴盪在您的心中，久占而不去。可是，我也相信，老師心中除了煩惱之外，也有一個堅定的目標——我如何讓孩子得到關懷得到愛，在教室裡有歸屬感，而可以愛自己，愛別人，長出能力，與社群合作，為群體貢獻。

是這些目標，讓我們堅持，還要堅持，繼續堅持。我們永遠希望自己能夠為社會培育人才。書悉老師向欺負嘉嘉的阿德說：

「你常常幫忙做事，有很強的修理能力，班上好多東西你都幫忙修好了；你掃廁所時，很有耐心。……你是老師最好的幫手，也是老師最在意的寶貝，老師很希望看到你進步的表現。老師想請你幫忙，嘉嘉也是班上的同學，老師也要照顧她，不希望班上任何一個人受傷或難過。嘉嘉是女生，但她跟你的姊姊沒關係，我們要溫柔的跟她相處，老師不希望你把她當出氣筒，如果你之前做了不禮貌的事，老師希望你想一想，找機會跟她道歉，並改過不要再做，好嗎？」

這段話很長，書悉老師摟著阿德，一字一句告訴阿德，眼睛看著阿德。讓阿德知道，老師在乎他，愛他；幫阿德看到自己的能力與對班上的貢獻；期待阿德與老師一起合作完成一個心願，不希望班上有同學受傷或難過。

幼良老師對於孩子要負責任好好上學，也很堅定絕不妥協。幼良老師說剛教到升上高年級的湯姆的時候，他陸續用一些藉口想請假叫媽媽來接他，有時是說要看醫生，有時說忘記帶東西要回家去拿，甚至連媽媽也幫他找藉口，說醫生打電話來要孩子回診。但幼良老師問得很詳細，包括確定是哪家診所，心裡也在ＯＳ：「說實在的，我活了幾十年，幾乎從沒聽過有診所醫生會親自打電話叫病人回診的。」老師熱心告訴媽媽，如果真要請假，哪幾節是導師自己的課可以請，幼良老師會另外找時間幫孩子個別補課，但是接下來兩堂是英文科老師任課，就一定要回來上課，以免進度落後。媽媽不悅地說，還要再送湯姆回來很麻煩，不如不要請假。幼良老師這樣鐵頭地堅持下，媽媽試了好幾次之後，湯姆和媽媽最後也打消請假的念頭了。

老師心中有著深深的期待，俞芳老師說：

「永遠不要放棄孩子！他不是壞，只是有些事情還沒學好；他不是懶，只是需要有人拉他一把；他不是笨，只是要給他時間成長。」

慧豐老師允許孩子的慢，而在慢中，看到孩子的改變：

「後來，小強遇到自己不能接受的狀況，漸漸地，他的反應是趴在桌子上，可以自己調整情緒，而不是馬上打人。」

帶著具體的目標與絕不放棄的期待，我們彼此激勵，安慰彼此的心痛，給彼此力量，尋找方法。

幼良老師剛教到高年級的湯姆時，他寫字只會敷衍的畫橢圓形圈圈，如今進步到幾乎百分之百認識國語課本全篇文章；國語也由60分提升到90分以上的程度。從湯姆四下轉學的原校調來幼良老師學校的謝老師說，以前在原校看到湯姆，印象中的他總是畏縮在一旁，羨慕地看著別人玩耍，但現在充滿自信，還擔任糾察隊，謝老師好驚訝。

帶著具體的目標與絕不放棄的期待，我們彼此激勵，安慰彼此的心痛，給彼此力量，尋找方法。我們都只是平凡的老師，我們的故事也沒有完美的結局，常常也是懸在那兒，不知何時孩子會有新的狀況。如同我們自己，在人生路上，也是走走停停，好好壞壞，塗塗抹抹，圈圈叉叉，因而面對孩子，有時候也很像是看到小時候還沒找到連結關係的自己。我們思索，如何找一個好方法，引導孩子長大，也引導我們自己的專業成長。

於是，在MOXA心源教育基金會的號召下，我們在一起研讀阿德勒的個體心理學（Individual Psychology），藉由阿德勒大師以及後繼學者的智慧之言與實踐策略，我們在自己的家庭親密關係中，以及在學校的師生關係中，親身體驗與行動。數一數歲月，至今也有五年了。這五年來，我們從密集的兩年工作坊，到第三年、第四年、第五年各自組團進行小型工作坊。一步一腳印，咸信這一切學習，沒有其他方法，惟有一點一滴在現場脈絡中，自己親身實踐體會與修改，才能整合入自己的身心靈中，成為自己的一部分。

在進入每個老師與孩子的故事之前，讓我們先來了解這位「看透人生核心動力就是目的論、進而創建個體心理學」的阿德勒，如何長大成人。

百年以前，體弱多病的小阿德勒如何活下來

一八七〇年，在我們所熟悉的歷史中，乃是清朝穆宗同治年間，那時中華民國國父孫文先生，四歲，正在廣東省的翠亨村中玩耍。國父孫文長大後行醫，生涯的啟發從醫師開端，另一方面漸次籌畫並實踐更大的民主政治事業，為人群服務。

在地球彼端，奧地利之維也納首府旁的鄉村小鎮裡，也有一位未來的醫生誕生，阿德勒。

他排行第二，前面有一個哥哥，後來家中又陸續添了五個孩子。阿德勒家族是猶太人，生活普通，家境算過得去，爸爸買賣穀物，也滿喜歡音樂。阿德勒天生就有一付好嗓子，喜歡唱歌。

阿德勒相信，人的生命風格在五歲的時候就已畫出了雛形。我們回顧阿德勒自己的童年，似乎也可看出他的生命風格，也看到了個體心理學的理論核心——目的與意義。

五歲之前的阿德勒體弱多病，根據文獻的說法，rickets，這算是甚麼狀況呢，我們中文翻譯為佝僂，總是讓我們聯想成駝背。事實上應該解讀為營養不良，尤其缺乏維生素D，導致骨質密度不夠，所以也有醫師用白話來形容，便是骨質疏鬆症。由於骨質密度不足，隨著體重增加，雙腿支撐不了，造成走路困難，不良於行。小小阿德勒便困在自己的身體裡，父母還需要把他綁在椅子上，才有辦法坐直，更別說行走與跑跳了。小小阿德勒看著哥哥體能健壯，跑跑跳跳，而自己每做一個動作都要花好大力氣，大人們協助也要費盡力氣，對照哥哥的靈活健康，阿德勒在哥哥身上看到自己的目標，就是要趕快長大，能夠走路，活得像哥哥那樣。

孱弱的阿德勒，還有一個毛病，就是緊張生氣起來時，喉頭緊鎖，幾乎吸不到空氣，呼吸活命也變成阿德勒必須克服的生存問題。後來阿德勒曾被同行夥伴嘲諷他好戰善辯，阿德勒自己會補上一句：我在三歲時候就下定決心不再生氣，因為生氣會要我的命。

阿德勒自己受困於孱弱的身體中無法跑跳，而在他逐漸強壯的時候，兩件事情發生，讓阿德勒感受到生命的脆弱與強韌，只是一瞬間的事情。

四歲時，小一歲的弟弟得了白喉病。有一天，阿德勒早上醒來時，發現一起睡同一張床的弟弟，在他身邊過世了，小小的他，真的被嚇到了，弟弟竟然就這樣無知無覺。他還記得葬禮上哭泣的媽媽與外婆，也還記得有這麼一幕，在葬禮結束回家的車上，外婆在媽媽耳旁說了甚麼，他們兩人表情放鬆地笑了。也許外婆在安慰媽媽，也許提到了甚麼事讓媽媽安心與放鬆，我們不知道，四歲的阿德勒也沒聽到甚麼，可是他記著這一幕，內心充滿困惑與不解，也無法原諒媽媽為何在這麼傷心的此刻還能笑。這個記憶反映出四歲的阿德勒清楚感受到失去弟弟的傷心，也知道阿德勒是個多麼重情義的性情中人。

五歲時，又有一件生命交關的事情發生。一個冬日，鄰居夥伴帶阿德勒去湖上溜冰玩，一陣子後，鄰居小哥哥不見了，阿德勒一個人在冷冷的湖冰上等不到人，又冷又害怕，小阿德勒想盡辦法顫抖著摸路回家。到家後，幾乎崩潰，昏倒在沙發上。媽媽忙進忙出沒有注意到孩子的狀況，是爸爸發現阿德勒睡在沙發上，姿勢奇怪，仔細看才發現已經叫不醒他了。不知過了幾天，等到阿德勒再度回神時，記得的就是醫生清楚告訴爸爸，以後也不用再煩惱這孩子了，他大概命已不保。弟弟的死亡恐懼再度降臨，阿德勒也許曾努力發出他的求救訊號。等他再度醒來時，看到不同的醫師在身旁，大人壓著他的手與腳，腿上刺痛，留著血，水蛭在身上吸血，這是一種民俗療法，利用水蛭放血治療肺炎。阿德勒清晰記得這痛，知道生命有代價，能活下來多麼不容易。

小小年紀，阿德勒兩次面對生與死的關頭。他告訴自己，我要活下來，而且要好好活著，我以後要當醫生，醫生可以幫助人們好好活下去。自己身上的病痛遭遇，在這小小的孩子心中，植下一顆種子，成為大大的生命任務與目的。

阿德勒相信，五歲的時候，孩子大概已經知道自己的生命任務與主題了。主題會不斷重複，一再出現，我們自己也很自然以此主題過著我們的人生。如果我們對自己不滿意不快樂，我們曾經徬徨，不知自己在社會中或人生中的位置，那麼**我們不妨回想自己生命的主題是甚麼，從有記憶的那一刻開始想起，回想我們為自己留下了甚麼記憶，就會窺知我們幫自己定下了甚麼主題。**

關鍵不在於生命中發生甚麼事，而是，在生命旅程的最開端，我們為自己記下來甚麼，透過我們小小腦袋與身體所看到的、感受到的，所記下在心裡的，便是我們所在意的，也是我們所認為的我與周遭的關係。**生命主題，在於我們如何看待世界，因此，我們不為世界所定義，而是為我們自己如何看待世界而型塑。**換言之，當我們有此反省，知道自己看待世界的角度與方法的時候，我們也就控制了自己的眼光與感知，停止不知不覺跟著小時候自己所以為的世界樣貌而打轉，也就掌握了自己要如何再度看待我與他人的關係，決定自己如何重新再看自己在這世界的位置。

每個人的遭遇，是那樣的不同。震宇老師也有個大她一歲的姐姐，這二姐從小就乖巧聽話、懂事有禮，是大人們心中標準的好孩子，也深獲大人們的喜歡與疼愛。相對於二姐，震宇老師卻頑皮好動、又有很多自己的想法，在大人眼中是個搞怪又難纏的孩子，震宇老師心中很羨慕二姐受大人寵愛，但自己卻又做不到二姐那些受人疼愛的行為，常常被大人批評及指責她很不乖。她的心裡不懂為何會這樣，從出生開始，別以為這女孩年紀還小，大人的忽視與負評卻已深植她心，覺得自己很壞很糟糕，不值得被愛。後來二姐四歲時因病過世，三歲的小小震宇老師被嚇到了，然而，那自卑的感覺，卻沒有隨之消逝，竟逐漸發芽與長大。

震宇老師從小因為父母工作忙碌的關係而疏於被照顧及被重視，心中想得到父母的關愛不亞於阿德勒。才五歲的她就知道要用威脅的方式得到想吃的點心，並學會控制別人得到權力，知道要帶領小朋友去偷餅乾，以得到小朋友對她的崇拜與被重視的地位。她為了得到歸屬與肯定，以她自己的邏輯判斷，自動自發做了許多對自己有利卻對他人不利的行為，這是孩子求生存的本能，所有犯過的錯都帶有小小震宇渴求的意圖，想要得到肯定，想要找到歸屬。直到上了小學五年級，受到導師的鼓勵，她才知道自己在智能上以及領導上有優越的地方，不光是帶頭做壞，也可以領導合作，更可以因為自己的努力而得到成就與肯定。

看到社會需要與公義的青年阿德勒

阿德勒一直覺得媽媽更疼哥哥，面對高大活潑聰明的哥哥，阿德勒總覺得自己的體能追不上他，智能也比不上他，心中又很想與哥哥一起玩。小小的他，心中有一股很強大的自卑感，這感覺裝在腿弱跑不快的小小阿德勒身上，很像我們常說的自慚形穢——身體弱小，心靈上更覺得自己不如人。但阿德勒並不因此把自己鎖在陰暗的角落中，他與兄弟姊妹鄰居玩伴在一起，也在爸媽跟前乖巧聽話，自小就是長輩與孩子圈中的好玩伴。由於身體上的衰弱，以及對於病痛的害怕，阿德勒心裡暗暗立下志願，長大後要學醫，知道要以智能上的努力，克服生理上的不足。

這也是個體心理學中不斷強調，**人類生存起始於自卑與自覺自己的渺小，成長於不斷超越與奮鬥**。阿德勒面對哥哥的優異，自己想要求好也希望得到父母的關愛，阿德勒感受到自己那樣地渴求歸屬與肯定，他並沒有轉而出奇招怪式或是故意搗蛋來獲取注意，阿德勒採用努力貢獻的策略是與人為善，幫助家人朋友與社群。阿德勒相信，即使是犯過有錯的人，初始原意也是尋求肯定與歸屬，只是走錯方向了。帶著這樣的目的，他清楚提醒我們：「孩子需要我們給予信心，相信可以透過勤奮、毅力、實作、與勇氣完成任務。**父母與老師最嚴重的錯誤就是看到孩子已經迷失在路途上了，還預言孩子你一定會失敗。**」❶

那麼，我們要做甚麼呢？看似困難，其實也簡單，「要導引孩子的心智，我們要知道孩子在想甚麼，在做甚麼。一旦你看懂了，就會用你所知道的方法把孩子心智導向更高層次、更社會性的目標。」❷這也就是震宇五年級時候遇到的老師為她導引的方向，也是玉梅老師在小寶身上所做的工，讓孩子想要助人的欲望能被看見，不讓大家只注意到他搗蛋的行為，到後來他可以只為了想幫忙而做事，不在乎是否有被人瞧見。也如同俞芳老師為小馬鋪設的舞台，讓孩子看到自己的可能性，從體育活動與服務性工作中獲得成就，看到老師對自己的肯定，繼而相信自己、長出信心。凱莉老師也在媽媽真誠的鼓勵之下，激發了正面迎向困難，繼續堅持下去的勇氣。

九歲的阿德勒，離開小小的鄰里小學，去讀一所嚴格的中學。中學收十歲到十八歲學生，很奇怪的是阿德勒九歲入學，學校紀錄中阿德勒出生年是一八六九年，比正式紀錄還早一年，他的父母似乎提早一年讓阿德勒入學好好接受訓練。阿德勒與哥哥都讀這所中學，目的是要進維也納大學。可以想見早讀一年在身體上與智力對於阿德勒而言，總是比較吃力。第一年，數學就被當了，要重修，其他科目也很困難。父親威脅阿德勒，如果學不好，還繼續被當的話，不如直接中止學業去當修鞋的學徒好了。阿德勒面對嚴厲父親的要求，想到如果去當修鞋的學徒，那就離他的志願太遙遠了。阿德勒小時候看著舅舅做裁縫，在小小的地方工作，彎著腰、手不停地縫製，對於狹小的空間印象深刻。阿德勒再度奮發努力，讓學業維持過關的水準，十八歲時，終於順利進入維也納大學醫學院就讀。

一百年前醫學院的課程，一逕強調實驗與診斷，實在讓阿德勒不能接受，即便當今醫學課程，疾病分類與診斷依舊是醫學教育的目標。阿德勒一直想問，病症診斷與疾病分類的背後，有個病人活生生在那兒，他有被照顧到嗎？診斷分類取向的醫學教育，雖然不是阿德勒所欣賞，然而正因身在其中，阿德勒清楚了解到自己內心的方向。

醫學院課程最後一年，阿德勒志願到一個眼科診所幫忙，這診所除了一般看診外，也義務幫窮人治病。看著窮苦病人因為醫療照護而日漸有起色，社會平等的追求在青年阿德勒身上也日漸強大。在志工服務的診所協助醫師看診，阿德勒體會到資源分配的不平等，也為自己立下社會公義的幼苗，這也是阿德勒後來與佛洛伊德分道揚鑣的重要關鍵。佛洛伊德的病人大多來自中上階級社會人士，而阿德勒堅持在社會各個角落舉行演說與義診。

阿德勒往往會在公開演講中，回答群眾所提的個人問題，或是邀請群眾上台直接與自己對談，分享心裡的煩惱。這樣做，阿德勒相信不是在揭個人瘡疤，而是彼此同理與共感。個人的苦痛，在敘說分享以及在台上晤談療癒的過程中，也同時撫慰了很多人的心。阿德勒覺得來訪者的悲痛與在乎的事情，也是大家心中共有的關懷。

二十五歲時，阿德勒終於順利畢業正式行醫，開展他的內科醫師職涯。二十九歲時，阿德勒完成第一篇學術研究作品《Health Manual for the Tailoring Trade》，裁縫業者的健康報告，針對裁縫業工作狀況進行研究，阿德勒發現60％勞工有肺部相關疾病，明顯高於其他行業。文章的第一段，阿德勒便愷切地說：

「我慎重呼籲，低下的生活水準深切危害國民健康。人類的病痛並非僅是個人健康問題，毋寧更是社會性的結果，身為醫生尤其不能忽略之。即使醫學教育並沒有讓醫生在培訓過程中、在態度上、以及在職務上有此體認，然而醫生自己絕不能忽視現代環境的改變，其實同時也製造了醫學上的健康新問題。」

阿德勒的呼籲，放在一百年後的今天，仍然反映著當代的環境。我彷彿看到教育現場的老師們同樣的心情，像燕婷老師，擔心孩子的狀況，同時也看到了社會結構上孩子的弱勢與大人的無奈。

社會情懷是人類活存的終極任務

人類固然是生物之一種，為自己生存而活，而我們又超越其他生物，我們心中必有他人。《大腦解密手冊》一書中說「我們有一半是其他人」，意指我們生存於世，大腦的結構使得我們注意他人的情緒，解讀他人的意圖，甚而可以感同身受彼此的快樂與痛苦。而在生存的艱困環境中，我們關注夥伴，照顧老弱，人與人之間連結綿密的社群網絡，相互說服，共同合作，為大家共存而彼此共榮。因為我們讀得懂他人，也與他人交流，使得我們的大腦中有一半的思考與感受內容來自我們周遭的人際所引發，更具體的說，人的大腦乃為人際溝通而設計。

約七十年前，Heider & Simmel（1944）製作了一個非常經典的實驗影片，有興趣的讀者可以上YOUTUBE搜尋，長度只有一分鐘。影片中共有四個形狀，左邊一個長方形（以下稱為長方），占了螢幕大約一半，右邊空白處有三個形狀：一個大三角形（以下稱為大三），一個小三角形（以下稱為小三）與一個小圓型（以下稱為小圓）。影片的程序如下，請一步步仔細看：

1、一開始大三在長方裡面，小三與小圓在空白處相互轉動；

2、大三打開了長方一個缺口，出來了，在空白處與小三碰碰撞撞；

3、小圓從缺口進入長方中，大三也跟著進來，長方關起缺口；

4、小圓在長方中躲閃大三，小三在外面；

5、小三把長方打開一個缺口，小圓跑出來，小三把長方關起來留大三在長方裡面；

6、小圓與小三在外面轉圈圈；

7、大三打開缺口跑出來追逐小三與小圓，追到後來小三與小圓都不在螢幕內；

8、大三走進長方缺口中，缺口關上；

9、大三在長方內碰撞，造成長方線條四分五裂。影片結束。

不知正在讀這本書的你，對於上一段文字所描述的四個抽象形狀物件彼此碰撞與隨著時間流逝而移動的過程，如何理解？

也許你既看了影片也讀完上面這段文字，你可能說，只有三個形狀物啊，哪來的第四個？

當你這樣想時，顯然你覺得大三、小三、與小圓，是三個主角。而長方形呢？長方形，是一個不動的背景吧。

如果你這樣想，也完全正確。

關於大三、小三、小圓以及長方之間的關係，可以採用碰撞的角度、移動的方向與速度、三個物件進出長方的時間來描述。然而，每一個看過這個影片的人，都自然而然賦予這四個物件特定的性格或性質來描述彼此的關係，亦即三個動來動去的主角以及一個不動的長方形框框，也說出非常合理的互動過程與結局。我自己在上一段描述中，已經盡可能不要給予性格以及關係，而是非常冷靜地以抽離脈絡的文字來描述我所看到的一分鐘影片。然而，有些動詞仍然很難放棄，甚而覺得如果不用這些詞，可要如何描述場景？例如我會說，相互轉動，碰碰撞撞，跟著進來，躲閃，衝撞，追逐，四分五裂等，這些詞似乎也影射了動作的主人之情緒。而我在描述完了之後，背後的故事也呼之欲出。我簡單描述動作，讀者邊讀我的敘述，心中不知不覺同時也建構出有主題的故事情節，而這個故事必定圍繞在人與人的關係上。

這就是了。人類對於沒有生命的物件以及時間流動中的位置變化，主動賦予故事，給予意義，襯以脈絡，連結情緒與發展關係。這是我們的天賦，也可以想見，人類的大腦已經預設好人與人間的關係連結，建構關係中的主題，長出意義。

人為何而活？人活下來面臨的最大挑戰就是生存。阿德勒在《生活的意義》（What Life Could Mean to You，黃光國教授翻譯為《自卑與超越》）書中提及人生的三個聯繫與束縛以及三個任務。對孩子而言是如此，對成人如我們，也是一樣。我們大家一起在這條完成任務的人生路上，彼此扶持與成長。聯繫與任務如下：

人世間的第一個聯繫：降生地球，長出能力，好好工作

我降生在地球上，我要生存。這個聯繫，再自然不過了。我與地球產生聯繫。

此聯繫，阿德勒寫在《What Life Could Mean to You》書中，英文採用 constraint 來闡釋，

黃光國教授四十多年前（1971）翻譯為聯繫，我們今日重看，是聯繫、也是束縛、也是發展的平台。

當小胎兒還在媽媽的肚子裡時，肺還不用工作，一切養份與氧氣，靠著胎盤與臍帶供給。一旦降生於地球上，剪斷臍帶，脫離胎盤，立刻與地球產生聯繫，身為獨立的個體，向世界宣告，我來了。這一宣告，表示要開始為自己的生存努力，一落地後立刻把小鼻子與小嘴巴張開，奮力大哭，開始呼吸，讓空氣湧入肺部，第一刻，自己呼吸生存所需要的空氣，同時，血液也流入肺部，啟動了正常的血液循環管道。小胎兒，成為在地球上生存的一個人了。

在這地球的平台上生存，開展了聯繫之下第一重任務：能力與工作。我此時面臨的第一個任務是，長出能力，以啟動我的生存。於是，自卑感與超越的企圖，二者不斷交錯，長出能力以維持生存的意圖，在我們長大過程中，一直伴隨著我們。我們降生於世，帶著自卑渺小的擔心，也帶著求生的渴望，一步一步，自卑與超越交錯滾動，面對一項項接踵而來的挑戰，希望自己超越自己，比過去的我更進步。

每一個人，從出生開始，我們就不斷學習新的能力，增進舊有的能力，強化弱小的能力，學會吸奶、學會翻身、爬、走路、說話、寫字溝通、計算、做事情等等。即使我們有喜歡做與不喜歡做的事情，那可能與我們的興趣有一些關聯，然而，我們一直在學習的路上。小的時候幫忙家中大人做家事；進了學校強化認知上的學習，還與同學老師共同完成很多任務，打掃、校慶、社團、服務等；進入社會後，有人擔任社會中某個職業，叫做工作，有人在家裡處理家事，叫做家管，有人從事志業服務，叫做志工。

長能力，好好工作，是我們生在地球上，以地球的資源為限，束縛在此，也依靠在此，必須完成的第一項任務。

無論是甚麼工作，當我們與地球產生聯繫時，這聯繫促使我們更聰慧、更有能力，擔任工作，才能生存，更重要的是，讓生活狀況更好。在書中我們看到，不論是麗淑老師的小火龍，俞芳老師的小馬，或是慧萱老師的小威，即使他們已經那樣讓老師頭大了，我們仍舊欣賞孩子有著創造力、服務的能量與律動節奏感。凱莉老師的小偉即使因與同儕發生衝突而被告狀，老師仍然可以看到孩子擁有自我控制的可能。慧豐老師的小強，即使他讓老師這麼頭大了，我們仍相信他會想辦法解決問題，我們仍舊希望引導他找出適當的解決方法，而不是採用強烈情緒或暴力的反應。所有的孩子其實是有能力來處理事情的，只是孩子把能力用錯了方向。所以老師的功能與重要性，當下就可以發揮了。這也是我們寫這本書的願望，面對把能量用錯方向的孩子，頭痛的老師如何一步步導引孩子回到長出能力好好工作的方向，我們希望讀者在書中，看到希望。

人世間的第二個聯繫：歸屬連結，共同合作，執行任務

生存下來的小小人兒，有了能力，會呼吸，會說話，會做簡單的事情，然而，這些能力也都不足以讓他維繫生命繼續生存。緊接著在這地球的平台上，下一個重要連結，便是周圍的人們。而這聯繫也帶出了我們在受限於生存在地球上的第二重束縛，那就是我們無法獨立存活。如果們自始至終獨立過活，那麼，下場很簡單，就是滅亡。

在第二重束縛下，想想無法獨立生活的嬰兒多麼脆弱，不會爬不會跑，沒有力量，更不會自己覓食，雖然已經很努力地長出能力，但是，生命是否能夠存活，仍維繫在周圍的大人身上，尤其是孩子的母親。因而，如此的聯繫，來自自身的限制與束縛。為了幸福，我們別無他法，就是緊緊與身邊的大人產生連結。我們的存活，不是掌握在自己手上，事實上，是靠著周圍人們的共同努力，營造了一個安全的環境。我們渴求照顧與歸屬，只因自己的脆弱與限制。

這樣的聯繫以及與生俱來的渴求，促成我們必須完成第二重任務：連結與合作。

為了自己的生命，以及族群的命脈，在嚴酷的地球環境中，我們自然而然願意承擔合作的任務。出生後不久，我們奮力尋找媽媽的乳頭，媽媽幫忙導引，我們與媽媽合作，找到乳頭，吸吮珍貴營養、為我們帶來抗體以抵抗地球病菌的母乳，這是我們與大人合作的第一件

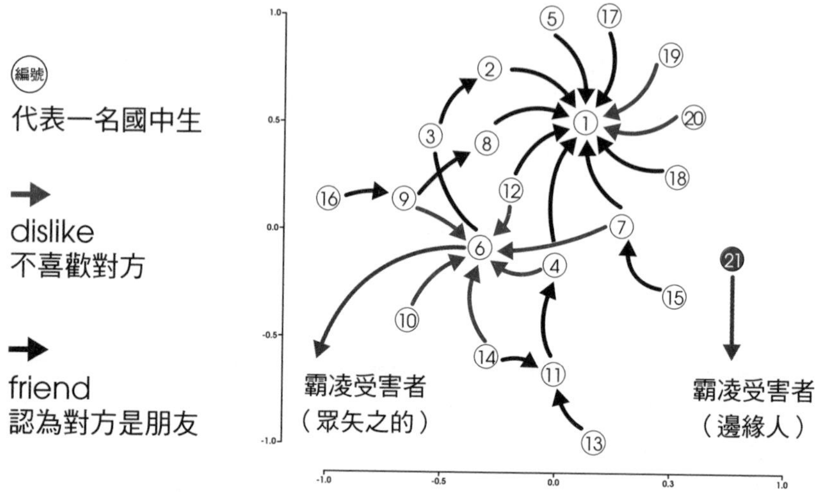

班級中的友誼網絡

（圖片來源：http://research.sinica.edu.tw/teen-friend-network-bully）

大事。完成了這件事，我們相信似乎可以好好活下來了。大一點後，我們總以為自己很能幹，想要幫忙做家事，而我們也常常可以做一點小事，例如幫忙遞餐具或是撿垃圾，大人的一點點肯定，都讓小小孩兒開心不已。

上了小學國中後，連霸凌，都是與朋友連結的展現。我從吳齊殷教授關於霸凌的研究結果發現，即使討厭別人這件事情，也有合作在其中。換言之，我們不知不覺也在合作共同討厭一個人。

從上方的友誼網絡圖中，我們明顯看到兩個群組。受歡迎的，以及被討厭的。關於討厭，大家都不陌生，每個人或多或少都會被討厭，調查中發現學生自己所喜歡的朋友中，他們平均也會被一個人討厭，這很正常。然而，你可能也發現了，你所討厭的人中，平均會被九個人討厭，這種感覺很有同仇敵慨的味道。關於討厭這件事情，其實會引發連結，這是為何學校常常在處理不斷湧現的霸凌現象之主因——共同討厭連結同盟，也是一種合作。

被霸凌的孩子，要如何突破自己的困境？從人際網絡來看，尋求朋友支持是最順利的方式。我認識一個國中生，就讀的學校學區包括熱鬧的夜市，鄰里左右有各種家庭與職業，這孩子不會說閩南語，又長得胖胖白白軟軟的，看起來很不酷帥，一副可能會遭人欺負的樣子。他如何自保呢？他說，他與一個很瘦很酷很吃得開的朋友在一起，他就住在龍蛇雜處的社區中，別人都不會欺負他，他不只酷帥，功課也很好。放學後他們都不回家的，所以這孩子也與他們玩在一起，他的酷帥朋友都會借一條項鍊讓他戴著，看起來像是一幫人，一起玩耍時戴著，分手離開時還回酷帥男孩，下次再聚，再掛起來。於是，一條項鍊，便是一個連結，這孩子安全度過國中三年。

不論黑幫白幫，校內校外，家庭或社會，都需要與人連結、都需要合作，這是阿德勒寫給後代需要完成的第二項任務。此任務來自我們身而為人的第二項「人無法單獨活存」的束縛，也同時是我們必須與人產生連結建立歸屬的發展平台。

讀者在書中，也會看見老師們努力建立起連結的橋樑，鼓勵孩子與同學與老師合作。

慧萱老師鼓勵愛聽音樂、節奏感強的小威，和同學一起組隊參加熱舞大賽，幾個人練習期間吵吵鬧鬧、爭執不斷，老師不急著幫他們處理爭端，只是提醒他們：「你們必須自己找到解決的方式！別忘了，大家想法雖然不同，但目標只有一個。你們可以用民主的方法討論、表決，尊重彼此的意見，或者互不相讓，甚至放棄！但想想，如果現在放棄，以前的努力也就白費了。這是你們想要的結果嗎？」在過程中，孩子們不只練習舞步，也練習如何和夥伴溝通、合作。在汗水與笑容中，他們得到第三名，也建立起一種患難與共的革命情誼。第幾名不重要，有著革命情誼的小威們，都成了班上的小天使。

俞芳老師，知道放學後自己也無法抽身陪伴小馬，於是幫助小馬安排上安親班，俞芳老師與安親班老師討論合作，小馬在安親班完成功課，重要的是得到學業進步的成就感。

凱莉老師對小元和小班所做的，當下決定不隨著學生的情緒起舞，在黑板上畫出一個線狀圖，把每個人所看見的部分呈現出來，提供學生彼此了解的機會，相信學生有信賴彼此的力量，是的，我們相信，人與人之間的正向互動是與生俱來的天性。

麗淑老師安排小培和同學說明自己情緒不佳的原因，同學也因此學習如何與一個情緒容易失控的朋友相處，建立彼此了解的聯繫。麗淑也在引導小培接納自己的狀況，預先告訴朋友對於未來的不確定性，彼此預先學習、做好準備。我們對於人生，不也是如此？大腦神經前額葉漸次成熟，自己當自己的總裁，因為預見未來，而準備好現在。

淑妤老師利用全班同學的力量，把助人行動的練習排入學習的作業中。大光觀察到小力平常下課都只站在外圍看著大家玩球，很少加入遊戲中，便主動約小力下課時到操場一起打棒球。隔天小力就自備球棒、手套和球了，只要一下課就到操場等待同學。由於同學們耐心教小力打棒球，小力漸漸融入遊戲中，也可以和大家一起聊著打棒球所發生的各種事情。透過大光的助人行動，小力開始和同學建立較好的友伴關係。

人世間的第三個聯繫：親密關係，生養後代，傳承接續

第三個聯繫，親密關係，事實上是聯繫，也是束縛，簡言之，我們受親密關係的聯繫所束縛，而此聯繫的具體行動，就是愛與婚姻。同樣的，凡是束縛，就是我們無法逃脫的狀況，就是我們生活在其上的平台。

每個人性生理成熟之後，接下來的重責大任就是維持人類的永續，人與人結為家庭，繁衍及教養後代。目前除了異性結合共組家庭之外，同性結為相互依靠的夥伴，也逐漸被大眾所接受。雖然他們無法自行繁衍後代，但如果也可以協助照顧亟需幫助的孩子，對於社會而言，同樣是一項貢獻。

因此，在此聯繫之下，我們的第三個任務便是相愛結為家庭照顧後代。

阿德勒很清楚說，如果我們有融洽恩愛的親密關係，彼此相互合作，我們在工作上會做出有用的貢獻；我們會有朋友，彼此幫忙。於是，總合來看我們會比較覺得生活是一個有創造力的任務，充滿可能性，沒有甚麼叫做無法挽回的錯誤。當身旁有伴侶或朋友時，我們在面對生命困境時會比較有勇氣，我們會很勇敢地說：「生命就是對人有興趣、有感覺，我參與其中，是整體中的部分，而我也貢獻其中，為彼此更好而努力。」

任務一層層，越來越困難。我們身邊也許有這樣的朋友，或者就是你或是我，能力很好，有好的工作，對公司貢獻很大；也會有好朋友或是夥伴，彼此密切合作，相互幫忙；可是，卻常常在親密關係裡碰到困境，也許是自我太膨脹，希望親密夥伴配合自己，或是自己太渺小，成天討愛沒有安全感，有時是找不到自己，有時成為摧毀別人的迫害者。

這一重任務，真的不好執行。親密關係的影響多大呢，我們也許可以從孩子的父母狀況來窺知。震宇老師的小翰，因為父母離異，只能跟外婆住，心中充滿了空虛與失落，渴望父母的疼愛與陪伴卻得不到，於是用錯誤的方式掩飾自己的情感、麻痺自己的感覺；對他來說，或許這世界已經沒有甚麼是重要的事、沒有甚麼好追求的了。

因此，面對家庭破碎或是父母關係不好的孩子，老師需要更多時間，給孩子更大的寬容，理解他的父母可能無暇或是沒有心情顧到孩子，孩子在父母之間左右為難，更有甚者以為父母的狀況是他自己造成，或是覺得自己很糟糕沒有人要，最好被丟掉。

孩子不會懂大人的親密關係有多麼複雜，他心中只有一個很單純的想法，爸爸媽媽是在一起的。所以，他的目的也很簡單，他要與爸爸媽媽有連結，他要被照顧，被肯定，甚或他希望能夠對於爸媽的感情有貢獻；所以，有時會犯下大錯來證明父母仍然愛他，或是製造機會看到父母聯手來解決他的問題。我們能否穿越孩子讓我們頭痛的行為，看到孩子背後的目的——是的，孩子心中的渴求與目的。

孩子，我看到你內心的渴求與目的

在與孩子相處的過程中，我們懂得孩子心中藏有很關鍵的四個渴求，這四個渴求，也是我們與孩子相處當中很重要的四個原則，簡稱４Ｃ。４Ｃ原始出處來自一九八九年，一本三十年前的老書，《養出有能力的孩子》（Raising Kids Who Can），作者是 Bettner 以及 Lew。書很小一本，我很喜歡。我也會採用上述阿德勒所看到的人生三任務來掌握孩子四個渴求與目的。

1. 連結與感情（connecting）

阿德勒已提過，人類無法獨自存活，在此束縛下，與人產生聯繫是孩子的迫切渴求。當孩子第一步走進陌生的校園時，在這麼多同學環繞以及老師的面前，他首要問題是這裡是哪裡？我屬於這裡嗎？這兒好陌生啊？我可以離開嗎？而為了自己能夠在這兒存活下來，孩子會開始與同學以及老師尋求連結，有些孩子乖巧聽話，有些孩子調皮搗蛋，一方面顯現出他們的個性，另一方面也呈現出他們以為的連結方式。不同家庭的教養習慣下，有些孩子會覺得，就是要調皮搗蛋，大人才會注意我。雖然他們的行為，實在讓老師很頭痛，但如果老師看透背後的目的，我們可以用正確的方式，讓孩子相信合作與幫忙也可以得到連結。

在連結的渴求下，首先，我們一定讓孩子知道我們愛他珍惜他，如慧豐老師與小強的對話：「如果你想告訴老師，你為甚麼生氣？可以來跟我談談，這樣我才能幫你。」讓孩子知道，大家是一體的，老師願意好好聽你說清楚、講明白，事情是可以解決的。

幼良老師擔心著湯姆一會兒會不會趁亂逃走？於是，慎重地凝視著湯姆說：「你不喜歡上學對不對？我也是。如果你等一下要走，一定要來告訴我。因為來這個新學校，我也有點怕怕的，但我是新轉來的老師，不知道要從哪裡出去，所以你一定要來叫我跟你一起出去，這樣我才知道道路。不能忘記喔！」說這些話時完全不假思索，說得那麼順口又自然，完全是出自於真心，幼良老師可以體會來到新地方的不安感，也看到不安的背面是連結與歸屬的渴求。

孩子在班級中，在學校中，更在老師的心中。老師把選擇權交給孩子，讓孩子也面對自己的狀況，學習選擇與負責。我們在乎孩子，我們營造一個孩子心所歸屬的團體，更期許自己是孩子可以信賴的老師。在愛與歸屬之中，我們相信孩子學會愛自己、珍惜自己，友愛同學與老師。

我們不以因果論看待孩子，我們不尋找理由，像是認為他的父母工作太忙，所以孩子無法安心寫作業；或是說因為家人寵愛，所以孩子心中沒有別人。我們直視孩子，如同俞芳老師所做的：「我將手輕輕地放在小馬的肩膀上，也讓小馬的眼神確實的注視著我。」

我們以目的論來引導孩子，引向老師認為重要的方向。當孩子在老師身邊的時候，我們深切相信我們自己就是孩子在學校裡教導學習的老師，也是教導生活的父母。如果我們曾擔心孩子的父母忙到無法好好陪著孩子，那麼，我們更需要在學校中，讓孩子知道，老師陪著你，就是你在學校裡面的父母。

2. 能力與自信（capable）

如同阿德勒所說的第一個聯繫與第一個任務，長出能力好好工作，孩子與老師接上線得到連結時，我們會看到孩子很想要學習與長出能力，想讓老師知道，自己可以完成這些事情，希望自己有能量、可以做事、可以學習、想要有成就。

孩子各有興趣與能力：慧萱老師的小威，會跳舞、律動很強；俞芳老師的小馬，會擲壘球、做事動作很快，這些都是孩子可以發揮的特長。我們看到孩子的個性與能力，而我們希望帶動孩子，進一步運用這樣的能力，長出更好的自己。凱莉老師的小元、小達和小班，他們在同儕互動的碰撞中，因為老師的鼓勵與正向互動經驗的安排，一次比一次更有自信、知道如何與同學相處，找到與人和平相處的平衡點。而艾倫老師的小克，是一個熱心的小孩，只是有時候不知道怎麼正確的表達自己的熱心與善意。

我們並不是讓活潑的孩子變成安靜，或是語文特強的孩子數學也要變好。我們相信孩子各有他們的性向、天賦、與家庭背景，這是最基本的，我們期待每個孩子把他所擁有的天賦能力施展開來，然後這個能力帶動其他的能力。我們看到一點點的成果，用顯微鏡看到孩子的進步，以進步來帶動下一個努力，進步連上努力，我們協助孩子長出信心。

3. 合作與貢獻（countable）

如同我們第一個C所說，在連結與歸屬的環繞下，孩子渴求長出能力與信心正如第二個C所提示，而能力得到肯定的孩子，他希望對團體有貢獻，這是第三個C，願意與夥伴合作，成為一個可靠的夥伴，這也是阿德勒所看到的人生第三項任務——合作與貢獻。

老師鋪陳機會引導孩子，協助孩子把能力展現出來，完成任務，貢獻給團體。孩子感覺到被需要，歸屬於團體，而且深刻知道我存在、我算數、我被在乎。能力不論強弱，貢獻沒有大小，回饋沒有差別，歸屬沒有高下。孩子以他的歸屬心情所完成的工作，都是貢獻，都讓社群共好，都是團體在乎的，都算數。

像是麗淑老師的小培為了讓全班順利進行母親節活動，而自願領受那個其他小孩不要的蛋糕。像玉梅老師的孩子，即使小學二年級，也可以貢獻他們的智慧與行動，讓校園更美好。他們曾向老師告狀說樓上班級把拖把掛在矮牆上，污水滴下來，有時是滴濕這層樓的陽臺，有時還滴到身上，很不舒服，希望老師能幫忙上樓提醒打掃的同學。玉梅老師點頭並且十分同意他們的心情及感受，另外，也請他們看看自己的行為是不是也帶給樓下班級困擾。孩子們從自己身上的不舒服想到了別人也處於相同的難處中，有一天，他們發現了一個方法，拖把擱在矮牆上，但在拖把布條下面放置幾條乾抹布，乾抹布吸了污水，就不會滴下樓，不再造成樓下班級的困擾。玉梅老師大大肯定孩子照顧別人的不舒服與解決問題的能力。有意思的是，孩子再也不來向老師告樓上的狀了，雖然樓上的拖把繼續滴水下來。玉梅老師感受到孩子自覺做了件了不起的事，對於別人的疏忽好像更寬容了。

4. 勇氣與鼓勵（courageous）

最重要的，對孩子而言也最困難的，其實，對我們大人也一樣啊，如何面對人生困境？成長過程哪有這麼簡單？我們大人，隨著年歲老去，也不是這麼自然順利啊！我們想要改變，環境也不盡然可以提供恰當的支持，我們如何堅持下去？我們要更勇敢，需要勇氣，需要自己相信自己。

那麼孩子呢？當他還沒有學會自己相信自己時，更需要老師相信他。挫折是必然的，像是慧豐老師的小強，遺失心愛的文具、被同學批評、遊戲輸棋，這些在大人眼中只或許是芝麻小事，殊不知在孩子心中的世界，是多大的傷害，他自己難以調整內心的洶湧波浪，所以用了錯誤的暴力方式來紓解或發洩。老師體會到孩子面臨挫折的氣餒，老師知道重要的不是消除這些事件，事件總是會一來再來，老師引導孩子重新理解挫折帶來的經驗，轉為有意義的行動，成為繼續往前走的能量。艾倫老師曾對小克說：「老師覺得你越來越懂事了，你很有勇氣和別人道歉。老師看到你剛剛原本很生氣，但是你很努力地說出你的感覺，讓別人更了解你，而且還能認真思考自己的行為，勇於認錯。老師真的覺得你進步好多。我很欣賞你的進步！」

孩子需要勇氣，如果他的身邊沒有人幫他鼓起勇氣，孩子將成為洩了氣的皮球，成為氣餒的孩子。老師就是可以幫忙孩子鼓起勇氣（encourage）的重要大人，老師的鼓勵，讓孩子勇敢面對挑戰，孩子更能夠帶著勇敢與信心迎接生活的考驗。

無法分割相互連動的整體心理學

老師，你看到了孩子這樣強大的渴求：

他想要連結與歸屬，在連結與情感中，他開始覺得自己被愛，他長出我們一起同在的安全感。這時，他想要更能幹，渴望學習，想要長出能力。因為他在愛中，希望自己更好。

接著，他想要做些甚麼貢獻給團體，他在乎團體，他也希望團體在乎他，他想要得到肯定，知道自己對團體是有用的，他想要讓我們大家一起更好。

可是有時候，他也不免碰到挑戰，總有個時候，能力不夠或是敏銳度不高，遭到挫折，這時，他需要勇氣繼續前行。當他勇氣不足，當他氣餒的時候，老師堅定的眼神、支持的力量與鼓勵的行動，是孩子在跌倒中站起來的拉力。站起來的孩子，拍拍屁股灰塵，繼續前行，走向目的。

看透人生目的與渴求的阿德勒，在二十世紀初期創建 Individual Psychology，中文翻譯為個體心理學。個體兩個字的中文意思，總是讓我們聯想到以自我為中心的個人主義，尤其阿德勒是西方人，如果他喜歡個人主義，一點也不奇怪。然而，阿德勒屢次清楚聲明他的 Individual Psychology，意指 Undivided Psychology，德文原文是 Individualpsychologie。individual 這個英文字，字典告訴我們另一個意思，an indivisible entity，不可分割的完整單位。阿德勒的 individual 不是在處理個人與社會的分別，也不在著重個我主義的發揚，反而更強調人存活於世，人本身是個不可分割的整體，身心靈腦，理性感性，性向興趣能力，在在相互影響，且與周遭環境以及更大的社會相連動，形成一個不可分割的體系。

因著這樣內在外在，人與我之間相互影響，人心複雜到無法分類與規約。是以對於阿德勒而言，與孩子相處，沒有診斷類別，但有理解與引動。

老師在乎孩子，千辛萬苦、想方設法，引領著孩子，希望他能帶著勇氣，用愛的眼睛看待這個世界，有新的方式與社會相處。老師面對的，不僅僅是這個孩子而已，而是孩子從出生到現在、從家庭到學校、從父母到同學、從他自己內心深處到老師的眼睛中，這麼多環境中的因素與這孩子互動下，成就出來的一個整體的人。這是一個整體、無法被分割看待的整全人，一行一動一思一言，數理語文人際藝術，個性氣質道德認知，相互牽動，彼此相連，形成一個「我」。這個「我」，帶著這樣的渴求誕生在地球上，誕生在這個家庭中，來到了這所學校，遇見了老師「你」。

相信人一生的道路，不是家庭與環境客觀因果決定而成，乃是個人的目的與意義導引而至。發生在我們身上有好多好多事情，不是事情讓我們更悲觀或更積極，而是我們如何選擇有意義的片段與層面，將之存了起來，串起我們生活的主軸與準則，德文稱為Lebenslinie，我們可稱為生命線或是生命軸線，英文稱為生命風格（Life Style）。

帶著愛來理解孩子，存有智慧來引導孩子，關鍵在於我們能夠穿越孩子這些外顯讓我們頭痛的行為，看到他內心渴求的目的。在連結與歸屬的肯定下，孩子長出能力，老師具體導引孩子，讓他知道把能量用在哪裡，可以對群體有貢獻，孩子也看到自己的價值，感受到轉變的意義。

孩子人生的轉向，老師，在您的手上。

最後，讀者如您，可能很快想到下一層更難的困境——孩子難道一路都這麼順利，今日與這樣的老師在一起，下個轉角，仍可以遇見肯定他、鼓勵他、理解他的老師或大人嗎？是的，我們真的無法盤算孩子都能遇見懂他的老師。是以，當孩子長出信心，擁有安全感時，我們要培養孩子自我肯定接納與自我鼓勵的勇氣。運用自己的好，來帶動完成任務的意志與行動。陪孩子一段，老師終究要放手，然而，曾有過的愛與引導，可以協助孩子構築心中堅強自我補充能量的堡壘。

接著，我們一起來讀讀十二位老師與孩子，愛與引導的故事。

① P. 81, the education of children, A. Adler, 1930/1970. Chicago, IL, USA: Henry Regnery Company.

② P. 189, the education of children, A. Adler, 1930/1970. Chicago, IL, USA: Henry Regnery Company.

故事1 等待生命的曙光

——張燕婷

九月一日開學日，身為輔導組長的我如往常般低頭坐在辦公室裡敲打電腦。「喀啦、喀啦……」一陣細碎的高跟鞋聲傳進了辦公室，「我的孩子在〇〇國小被欺負啦！〇〇國小很爛啦！老師很壞，我們要轉到你們學校啦！」粗啞有力的聲音，讓我不禁想要抬頭看……哇！鬈曲的紅色短髮、鮮紅的上衣、超迷你黑色短裙，加上三吋高跟鞋，嗯，看起來應該有一百七十五公分以上，這樣的打扮在我們樸實偏遠的山區小學還真罕見！

婦人身旁不遠處，有一名白皙瘦小的男孩，大大深藍書包跟他的身形似乎不成比例，一雙骨碌碌的眼睛似乎在搜尋著甚麼。另有一個背著桃紅色書包的小女生在辦公室裡東摸西摸，不時好奇地問東問西，看來是一個活潑且充滿好奇心的小女生。「走，〇〇！要去教室了！」又是一陣「喀啦、喀啦……」的高跟鞋聲。婦人帶著這對小兄妹離開辦公室，就在此時，望見到婦人的正面，豔麗的口紅、炫藍的眼影，我的內心忽然湧起莫名的不安感……

就在這對兄妹入學的幾天後，三年級導師跟我抱怨，哥哥只是被同學不小心碰了一下，隔天早自習媽媽就氣急敗壞地衝到教室，對著她認為欺負她孩子的同學咆哮大罵。老師試圖阻止，卻反遭責罵沒有管好這些壞孩子；一年級導師也反應，妹妹沒有交回班級的共讀書籍，教室裡找不到，老師請媽媽協助回家找，沒想到媽媽便很生氣地認為是老師誣賴她女兒。這個孩子的抽屜也亂七八糟，平常喜歡挑同學毛病，對於同學的提醒也總是置之不理，與同學的相處出現很大的問題。

經由老師的陳述，我了解媽媽很擔心自己的孩子在學校被欺負，其深層的問題應該是媽媽的生命經驗裡充滿著許多負面、衝突、挫折和委屈，孩子也因為母親的價值觀而產生人際方面的問題。我先安撫了老師的情緒，同理老師碰到的困難，並跟老師分析媽媽及孩子可能遭遇的困境，拜託老師幫忙多了解這個家庭的狀況，主動關心孩子和媽媽。

與家長建立信任關係

哥哥比較內向，加上剛轉入新學校，對老師不熟悉，我請老師告訴他在學校有任何不舒服，可以請老師幫忙，教孩子運用**我訊息**❸告訴對方；而妹妹的部分，就要請老師輔導班上孩子多一些包容和接納，盡量給孩子正面鼓勵，希望可以減少這位母親和孩子對他人的敵意，唯有與他們建立信任關係，才有可能真正幫助到孩子。

從社工及導師口中得知，這對兄妹的母親在年輕時曾在地方歌仔戲團工作，第一任丈夫是在工作時認識的。第二任丈夫在黑社會中打混，經常毆打她，老么出生後，丈夫因殺人入獄，她就與丈夫離婚，獨自撫養三個不到六歲的幼兒。為了養家餬口，母親曾當過捆工、黑手，白天帶著四歲的小女兒在家，傍晚出門當瓦斯工人，每天晚上都是由三年級的哥哥張羅兩個妹妹的晚餐。哥哥會使用電鍋煮飯，會煮簡單的食物，罐頭食品是每天晚餐都會出現的配菜。導師知道這個家庭的困難後，就偷偷幫孩子把中午多餘的午餐打包，請孩子帶回去。也為了增進孩子在學業方面的信心，兩位導師盡量陪孩子在學校完成回家功課。在老師的關愛和付出下，孩子在各方面的表現漸趨穩定。

即便如此，媽媽還是對學校不放心，對老師不信任，三不五時就打電話來學校抱怨，不論接電話的人是誰，她總在電話另一端劈頭亂罵，同樣的事情一說再說，有時還會要求學校讓孩子接電話，目的只是要詢問孩子在校是否被欺負。如果學校不讓孩子接電話，她就會在盛怒之下說出威脅的話，這樣的電話騷擾造成辦公室的行政同仁不少困擾。為再避免她亂槍打鳥，之後只要她來電，一定由我來接收她的情緒發洩，同理她的委屈和不滿。

在漸進的信任基礎下，她開始會跟我分享以前不堪的往事。言談中，可以了解她是個不向命運低頭的媽媽，我也常常將孩子在學校快樂的生活點滴，主動跟她分享，慢慢地，我們的談話焦點開始有了正向的連結，通話的時間點，也可以從混亂不固定而建立成事先約好，次數和時間也減少很多。

一個月後，卻陸陸續續聽到兄妹沒來上學的消息，母親的說詞是失業了，沒錢繳交家長巴士的交通費、不放心年紀小的孩子自己搭公車。建議她騎摩托車接送孩子，又說腳傷不能配合……為了幫助兩位孩子能穩定上學，學校同仁針對於她的說詞共商解決之道，包括交通費補助或由老師接送等等。不過，最好的辦法是希望他們可以轉回距離她家只要步行五分鐘就可以到的學校，但母親對於我們的建議沒有任何回應，之後的幾天更是完全失聯。

我們以家長必須親自在補助金申請表上簽名為由進行家訪，請母親開門，但她卻隔著門大聲拒絕，控訴我們想找警察來抓他們一家人，又說：「別人家的小孩就是小孩，我們家的小孩就不是小孩！」我們不斷與她溝通，請她相信我們，只要簽完名我們就走。但她仍然非常堅持，還提醒兒子絕對不准開門，如果開門會打斷他的腿。最後，她只願意接受我們將申請表投入信箱，我們之間對話就便告停止。這是第一次的家訪，雖然無功而返，但大致了解，如果尋求警方的協助可能會無效，並且也會破壞她對我們的信任。

為了了解他們一家生活的動態，我與社工、鄰長保持聯繫，家訪也持續著，有時帶吃的，有時遞上學校活動的通知，還有一次將同學關心的卡片放在門邊，雖然母親當下不開門，但我們給她的東西，事後她都有收下。

記得是第五次吧，我們依舊按了門鈴，門居然很快被打開了，是哥哥啊!?我搶了門趕緊走進去，深怕錯失當面溝通的機會。此時，穿著發黃的白色棉T、似乎是剛睡醒的母親，一臉倦容站在哥哥身後問我說：「你是誰？」

我告訴媽媽自己就是那個常跟她通電話的老師，但不知道她是精神恍惚，還是記憶喪失，並沒有回應。我注意到母親原本亮麗的紅色鬈髮已不在，取而代之的是滿頭的枯黃暗淡。在幫助母親喚醒記憶的同時，我又瞥見門側佈滿汙垢的流理台，蟑螂就藏在生鏽銀色水龍頭上晃動著觸鬚，右側看去是客廳，一片狼藉。不管是地板、桌面、椅子，眼前看去都是東一團、西一堆的雜物，我聞到這個空間裡瀰漫著令人作嘔的味道。

我屏住呼吸，勉強擠出笑容說：「媽媽，您辛苦了」、「照顧三個孩子很累喔」、「真的很佩服妳」、「妳真是厲害又愛小孩的媽媽，為了養三個孩子，再辛苦的工作也願意做。雖然現在沒錢可賺，但從來沒有放棄三個小孩，讓他們流浪街頭」。

媽媽在這時忽然好像想起甚麼，興奮地招呼起來，開始講述她之前一個晚上可以送幾桶瓦斯的事……她解釋，最近前夫已準備找警察要把小孩帶走，她不放心小孩晚上自己在家，便把晚上的工作辭了。然而，小孩整天在家，她也不可能出門找工作。奇怪，我明明記得她前夫在牢裡啊？

我們告訴她，孩子正常上學，妳就可以去找工作了。她卻說小孩不能出門，不然會被前夫帶走。我們繼續跟媽媽說明上學的好處，並保證由我們來接送孩子上學，孩子會很安全的。我還讓媽媽知道，兄妹在學校很乖，老師、同學們都很想念他們，請她相信我們，給學校一個機會，讓我們一起分擔她的辛苦，就這樣，母親同意讓我和另一個主任輪流接送孩子上下學。

承受來自母親的壓力

第一天接孩子上學，我深怕媽媽忘記我們的約定，抱著忐忑不安的心，走到她家的門口，當我聽到媽媽提醒孩子帶餐袋的聲音時，整顆心才放下來。按了電鈴，媽媽開門了，我笑著對她說：「早安」

「你們好準時喔！」

「媽媽辛苦了！」我說。離開時，媽媽不忘提醒孩子上學要乖，我對她說：「媽媽加油喔，希望妳今天有機會找到工作」、「妳是最偉大的媽媽」。

到了第四天，即使我們不用上樓按電鈴，孩子就會主動在樓下等老師。十分鐘的車程中，我常跟孩子聊聊他們喜歡的事、開心的事，關心他們在家都做些甚麼？由於自己的孩子也在車上，選擇這些生活話題對孩子較沒負擔，我的孩子也可以一起參與，希望能在較輕鬆的氣氛下，從中給予一些正向的鼓勵。

哥哥較沉默寡言，通常只是小聲回應幾句；妹妹嗓門大，總是滔滔不絕，主動跟我分享在班上與好朋友一起玩的趣事。很快地，我了解哥哥除了會煮飯外，還會洗家裡所有的衣服、幫四歲的小妹妹洗澡、餵她吃飯，沒事會玩玩機器人，在學校最喜歡上生態課和體育課；妹妹會幫忙洗碗，喜歡畫畫、讀故事書，四歲的小妹妹常跟她爭吵，姊妹倆常互不相讓。雖然如此，她還是會講故事給妹妹聽。聽到他們兄妹小小年紀就能這樣照顧么妹，想想自己小時候、想想自己的孩子，我打從心底佩服他們的懂事。

我告訴哥哥，你們如此獨立，不給媽媽添麻煩，能有這種貼心真是不容易，老師好佩服你。他直愣愣地看著我說：「沒辦法，媽媽身體不好。」

我思索著哥哥的回應，小小年紀的他，每天面對這樣的生活，心裡是怎麼想的？到底是迫於無奈？還是習慣了？我懷疑自己過度強調此事，反而會讓孩子覺得莫名其妙？我也稱讚妹妹會幫忙洗碗，講故事給小妹妹聽。當她跟我分享其他好玩的事時，我們會一起笑，對於我給她的正向回饋，她總是瞇起雙眼，嘴角上揚，露出驕傲的神情。兄妹倆迥然不同的特質，讓我不禁懷疑，哥哥的沉默和畏縮是不是因為承受太多來自母親的壓力？

持續接孩子幾次後的一天，我發現孩子身上有異味，孩子解釋：「家裡沒有熱水，最近比較冷，我們不敢洗冷水澡」、「爸爸要害我們全家，派人把熱水器的管線切掉」，當下聽了，我覺得怪怪的。

當天，我便趕緊請校護陪同孩子在學校洗熱水澡。完成後，才讓孩子進教室上課。帶孩子回家時，我問媽媽，媽媽堅持說這是前任丈夫的陰謀。她說，家裡的東西都被破壞，電腦中毒，也都是他做的。連警察都被她前夫收買了。於是我檢查熱水器，發現管線沒斷，應該是電池的問題。果然，換了電池，就沒問題了。

我發現媽媽的敘述顛三倒四，有很多不合理的地方，加上她的眼神渙散，令我不禁懷疑她有精神上的疾病。果不其然，社工和鄰長證實媽媽有憂鬱症的病史，也有自殺的紀錄，曾經治療過一段時間。我拜託鄰長想辦法找理由陪媽媽去看醫生，提醒孩子有特殊狀況一定要跟老師聯繫，請導師持續發送簡訊關懷媽媽，我們也申請心理師協助。

阻止悲劇的發生

又是一個清新的早晨，我如往常在樓下等孩子，等了十分鐘，卻沒看到孩子下樓，打電話沒人接，去家門按電鈴也沒人回應，和導師電話聯繫後，得知媽媽回覆老師說孩子要請假，還要轉學，但卻不肯告訴我們原因。

過了幾天，孩子仍然沒上學。下班後，我和兩位導師去家訪，大樓警衛說，這幾天半夜有看到媽媽帶孩子到附近公園玩，有一天晚上十點還看到媽媽騎摩托車載三位孩子在雨中飆車，鄰長也關切過她們。警衛也說，他們昨晚搭計程車出去後還沒回家。因此，我們決定等到晚上看看，就這樣站在路邊等呀等……忽然，在昏暗的馬路旁，出現了熟悉的身影，沒錯！就是他們。兄妹看到我們馬上叫「老師」，媽媽一見到我們就說，妳們是要拖延我的時間好讓警察來抓我！老師趕緊表明來意，表示是來關心孩子，同學也很想念他們。對談之間，可見到媽媽神智恍惚，目光呆滯，並且不時蹲下來。是吸毒嗎？我心裡想著。

看到最小的妹妹時，我輕聲問候她，沒想到她居然如聽見雷聲後的驚恐般，快速地蜷縮在媽媽的懷裡，兩隻小手緊抓住媽媽的衣角。我思索著：「這幾天到底發生甚麼事了？」這畫面至今回憶起來，仍讓我不解和心痛。當晚，我被妹妹驚恐的眼神震懾住了，忽然間不知該說甚麼，只能勉強對兄妹說：「吃過飯了嗎？你們看起來很累，趕快回家休息吧！老師明天會來接你們上學。」

第二天，按了門鈴，還是無人回應。除了鄰長的關心媽媽願意接受外，其餘的人，包括社工都無法進入她家。透過鄰長，我們了解孩子有吃有睡，但每天似乎都睡到中午，目前看起來是安全的。但孩子沒有上學，媽媽的精神狀態又不穩定，我真的很擔心……

一天又過一天，我仍存著一絲希望去按門鈴。然而，在反覆無人回應中，終於陷入一種覺得自己無能、沮喪的狀態。真的想放棄了……也懶了。每次想著，最後一次吧，但心裡會有另一個聲音出現：「順路嘛！只要下車去按一下門鈴就好了，搞不好就出現了？為甚麼這麼懶？」小孩在車上也鼓勵我：「媽媽，妳就上樓去看看嘛！」

十二月初的陽光依舊刺眼，但在風的吹拂下有著涼涼的味道，好喜歡這種感覺。帶著這樣的喜歡，我又上樓去按門鈴了，正想轉身離去時，突然聽到開門的聲音。接著，一個熟悉粗啞的聲音：「誰啊？」

我的腦門在短短一秒鐘內被打中，就像個訓練有素的小兵，迅速地回答：「〇〇媽媽，是我啊，來接小朋友上學啊！」粗啞的聲音繼續問：「妳是誰？」我再次跨進家門，請媽媽看清楚我是誰，她又不認識我了，我重新鄭重介紹自己。媽媽沒有回應，這時我看到哥哥了，提醒他和妹妹趕快換衣服、背好書包上學。媽媽在一旁說著：「為甚麼晚上要上學？」我告訴媽媽：「現在是早上喔！」我拉開客廳的窗簾指著外面。此時，窗外刺眼的陽光完全透進客廳，一粒粒微塵在一束束陽光裡漂浮旋舞。

「明明就是晚上嘛！」媽媽喃喃自語、踉踉蹌蹌走進洗手間：「啤酒呢？我的啤酒呢？」

我覺得不對勁，不斷催促兄妹動作快，但哥哥找不到書包，妹妹找不到成雙的襪子。不行，我一定要趁這次機會帶他們去學校。匆忙之下，我趕緊拉著兩個孩子的手下樓去了，沒想到，走到一半，哥哥忽然說想要回家。

「怎麼了？你不是喜歡上生態課嗎？今天有生態課耶！而且你好幾天沒上學了，老師、同學很想你喔！」

「老師，我擔心媽媽。媽媽最近都認錯人，有時候連我也不認識。媽媽說要自殺已經說了好多天了……」

我趕緊問哥哥發生甚麼事，到學校後馬上聯絡社工、鄰長。很快地，媽媽被送到醫院。之後，透過社工了解，在孩子的住處找到一麻袋的木炭，證實媽媽確實企圖要攜子自殺。醫生評估媽媽是重度憂鬱症，必須住院治療至少一個月。因此，後續的處理是社工必須緊急安置孩子。我得思索如何跟孩子說明、安撫孩子，讓孩子不感到害怕。

孩子在臨時被安置期間，媽媽會不時從醫院打電話找孩子，兄妹倆只要聽到媽媽的聲音就會掉眼淚。妹妹尤其哭得厲害，不斷詢問我媽媽出院的時間。我告訴她，媽媽生病必須住院治療。她就說，媽媽住在醫院很可憐，她一定要去照顧媽媽。她信心滿滿地說，自己可以帶哥哥和妹妹搭計程車去醫院，一直請求我告訴她媽媽在哪裡。

天啊！這是一種甚麼樣的力量，讓一個六歲的小女孩如此勇敢堅定？午夜時分，每次想到孩子因為思念媽媽而產生的焦慮，就懷疑自己的做法是否正確，多麼希望拆散他們母子的人不是我啊！但我不這樣做，又能怎麼做呢？孩子的生命的希望在哪裡？

我鼓勵他們要勇敢，請他們相信，媽媽在醫生和護士照顧下會很安全的。為了陪伴孩子度過沒有媽媽在身邊的這段不安的日子，剛開始的每天，我都會找孩子聊聊，抱抱他們。我真誠地告訴孩子，老師知道那種難過的感覺，因為我永遠記得在我四歲時，父親不知是甚麼原因，要把我偷偷地過繼給親戚。當我發現我跟家人分離時，那種恐懼、孤立無援、被遺棄的感覺，直到今天仍在我內心深處留下難以抹滅的傷痕。我把這段往事告訴孩子後，自己便含淚而下。

接著，還是笑著跟孩子說：「事情不會永遠都是這樣的，媽媽會漸漸康復的。你看，老師的爸爸最後還不是把我接回家了，一直培養我到長大，所以老師現在才可以好端端地站在這裡，感受著你們的感覺，幫助著你們。所以你們一定也要認真讀書，好好聽寄養媽咪的話，以後才有能力陪伴照顧媽媽……」在聽了這番話後，孩子似乎暫時能從煢煢獨立的一己之悲中走出來。而我，似乎也從記憶的傷痛裡得到了釋放。

放手讓孩子們遠行

這段期間，社工和我會陪同孩子到醫院跟媽媽會面。媽媽不知何時生起的巧心，用那當過捆工像砂紙般的雙手做手環送給孩子。雖然媽媽編織的手環看起來像小學生的作品，三兄妹卻視它為珍寶，每天都記得要戴在手腕上。我知道，無論這個家庭發生怎樣的事情，他們母子之間的紐帶永遠牢不可破，這種堅固的母子親情，著實令我動容。

一個月後，社工轉告醫院的評估結果，媽媽必須長期治療至少半年，加上孩子也得離開臨時寄養的地方，所以社工努力去打聽北部可以長期安置的地方。最後，為了讓三個孩子可以住在一起，避免二度親情分離的痛苦，不得不選擇中部有三個床位的育幼院。可是如此一來，孩子又必須面臨第二個大問題——「轉學」，與現在的同學、老師說再見。

為了這不可抗力的道別，三年級導師安排了一場全班參與的躲避球賽，不知是甚麼原因，在這一天，孩子們特別貼心，比賽過程少了平日的吵架、抱怨，多的是一顆顆幾近塞入懷裡式的「慢速傳球」，似乎每一個人都把小學中「可以拿到球的機會」全讓給哥哥。

球賽結束後，同學們手捧卡片，一一向即將離開的同學話別：「祝你在新學校能交到好朋友」、「祝你學業進步」、「祝你越來越帥」這種老掉牙祝福的童言童語，此時像是從手心裡被放開的螢火蟲，緩緩飄入空中，晶瑩、動人、不捨。

而在學校的另一個角落，上演著一年級圍成的圈圈遊戲，全班孩子在歌聲中將準備好的禮物和卡片送給妹妹。導師將她擁入懷裡，貼著她的額頭，似輕似重地叮嚀著生活中的大小點滴——同時也和著淚滴，令人鼻酸。

在這情非得已的時空壓縮下，教務主任瞬間變成拍畢業照的攝影師，留下一張張師生於學期中的驪歌合影。為了讓他們可以將回憶帶上路，在「交出小孩」的緊迫壓力下，主任又變身成戰爭生產線上的聖誕精靈，美編、列印、護貝，一氣呵成。當剛剛還溫熱真實的身影，片刻間竟轉譯成將回憶收存的珍貴照片時，幾個老師都紅了雙眼。

最後，我帶著孩子到校長室，兩兄妹拘謹、端正地坐在校長室的沙發上。哥哥專心看著校長，妹妹微笑對著校長的叮嚀頻頻點頭回應。在一旁的我，看到他們在短短三個月內竟磨出了這份成熟穩重，悸動中帶有好多心疼與不捨。

接著，校長親自贈送兄妹學校的紀念物，並鼓勵他們在未來的日子裡能夠更勇敢。隨後，我和兩位老師帶著孩子驅車前往醫院跟社工會合，孩子在社工帶領下與母親道別後，我們三位老師壓抑著感傷與三個孩子一起享用在台北最後的午餐。這一餐，就像送走自己即將遠行的孩子，有擔心，但也充滿著希望和深深的盼望……

為了讓他們能獨立成長，老師們採納社工的建議，孩子入院一個月內不探望、不聯絡。但由於之前與他們相處的這段經歷太深刻了，雖然無法與他們聯繫，我們還是會固定詢問社工他們在育幼院的狀況。很快的，一個多月過去了，我與兩位導師趁農曆過年假期相約驅車南下探望他們。當我們看到三個孩子好久不見的臉龐、聽到孩子淺淺的一聲「老師」時，內心充滿著悸動，很想把他們擁入懷中，但孩子們很快地就跑開了，感覺孩子似乎刻意要與我們保持距離。這一天，我們問孩子甚麼，孩子就簡單的回應我們，雖然不如我們想像中的熱絡，但看到他們能很快適應育幼院的生活，有穩定的作息，我們也就安心了。

堅持才看得到希望

兩年後，接獲社工的訊息，孩子想要回學校來看老師和同學。這真是我當老師以來，最令人振奮的好消息。從社工口中得知，媽媽的病情已穩定許多，但還是要定期看醫生追蹤，她在工地當搬運工，可以養活自己，而孩子和母親也會定期見面。

在社工的安排下，一個夏日的午後，我們和媽媽、孩子見面了。兩兄妹長高也長胖，臉變圓潤了。哥哥是田徑和跆拳道的校隊，妹妹則在直排輪和舞蹈方面表現突出。從媽媽和孩子的互動中，我依然看到堅毅不移的母子深情。雖然我知道媽媽仍不記得我，對於兩年前的事也早已遺忘了，但沒關係，那些都不重要，記得現在就好，真的，記得現在就好……望見他們紅撲撲的臉蛋、自信且燦爛的笑容，我終於等到了生命的曙光，看到生命裡無窮的希望。

「有些事不是看得到希望才去堅持，而是堅持了才看得到希望。」我的眼淚，早已模糊了視線……

③我訊息：對事不對人，是針對他人的某種行為表達對自己造成何種影響，而不是針對他這個人表達感受。使用「我訊息」溝通，重點在於表達自我心理感受，以「我……」為主詞，並且不加入任何價值判斷。關於「我訊息」的案例，可參考本書〈【故事4】絕處逢生找勇氣〉。

張燕婷

我，在教育路上已走了22年了，會走這條路，只因喜歡孩子的天真和單純。在這段漫長的教學生涯中，我喜歡觀察孩子，聆聽孩子的聲音，貼近他們的心靈。我常發現，有時孩子教會我的勝過我給予他們的，當我的生命和孩子們的生命彼此真實的相互影響，滋長對方時，我總是感到安穩和踏實。這條路，我會一直走下去……

【故事2】湯姆成長記

——蘇幼良

世界名著《湯姆歷險記》中，馬克吐溫幽默地描述湯姆有著勇氣與毅力的兒童逃學生涯。我也曾羨慕書中湯姆能過著常人所不敢做的在外冒險、探索的生活，但回到現實教書生涯中，湯姆卻會是老師們眼中的頭痛人物。

在我教書二十年後的少子化年代中，因緣際會遇到了那個傳說中以逃學、翹課出名的湯姆，很好奇到底是何種勇氣讓他能從低年級起，就帶著逃課的惡習持續到中年級呢？身為高年級導師的我要怎樣才能讓他信任學校，不再逃離，並將勇氣發揮在正途，是我當時的挑戰與課題。

逃出學校的湯姆

湯姆是四年級下學期轉來的，他常常逃學，疑似是拒學生，學校老師們幾乎都耳聞過這號頭痛人物。學務處、輔導室的行政同仁三不五時就要去找他、追他，甚至追到校門口還是被他逃走，而他有時還會被好心的路人送去警局。

曾聽一位學校老師說，湯姆在四年級時，因為逃學的情況嚴重，校長要求媽媽必須在教室後面盯著兒子上課，如果他趁老師寫黑板時又溜出去，家長則要自行負責他的安全。於是，媽媽只好跟著他一起待在教室裡。

當他升上五年級時，我剛好從一所任教二十年的學校調到這所離家較近的學校，擔任他的級任導師。

一想到上課的教室後面有家長在監視學生是否落跑，這點就讓我頭痛，我不希望發生這種事，也無法想像這可悲又無奈的畫面。

據一位身兼湯姆班級的社會與自然科的科任老師說，他以前每週需要上湯姆班級六堂課，因為湯姆一轉眼就落跑，所以得連忙打內線通知行政人員去追他、找他，搞得人心惶惶。請媽媽來盯他上課，至少可以讓她負責湯姆逃跑後的安全，減輕學校老師在負擔湯姆安全上的心理壓力。

我在接觸湯姆前，已經連續擔任十多年的低年級導師及科任，教高年級已經是十六年前的事了，那時禁止體罰尚未入法，班級學生人數雖然將近五十位，但家長和學生卻比較有「尊師重道」的觀念，當時的學生普遍比現在容易管教。

對於即將要接任國小老師最不想擔任的高年級導師，又要適應新學校的環境，原本暑假時我還在調整心態，不料聽到班上有這號我從未接觸過的拒學生之後，宛如青天霹靂，心情更加忐忑不安，擔心未來兩年的教學生涯是否能安然度過？

輔導起步走！就算在上課時睡覺也好

懷著不安的心情，終於到了開學前的返校編班日。我原本認為那位拒學的湯姆既然不愛上學，推測一般狀況下，開學前幾天應該會缺席，這樣也好，我就可以利用這段時間先好好經營班級一番，等把新接的這班安頓好了，再來處理湯姆的問題。

沒想到，人算不如天算，開學第一天我不到七點鐘就提早到校，不一會兒，湯姆四年級的導師就把他帶到教室直接交給我，並告訴我，他就是湯姆，是我負責帶的班級的學生。

天啊！我還沒準備好在今天見到他，不是說他拒學嗎？我以為他至少今天不會到校，怎麼反而比其他學生還特別早到？

「哇！你那麼早就來了？（才不到七點十分）那你先拿這塊抹布去把教室桌椅擦一擦，擦好了再來跟我報告。」

「……好……」湯姆一時沒回過神來，只好點點頭答應後，拿著抹布東抹抹西擦擦的。

原本想著這樣他至少可以做到七點二十分左右等其他同學來，我也正好能處理一下手邊學生編班的資料。沒想到，不到五分鐘他就跑來說，他擦好了，我環視一下教室桌椅，真是一點也看不出來和先前滿布灰塵的模樣有何不同，但還是說：「嗯，有比較乾淨了。等一下同學來坐在你擦過的桌椅上，一定會感覺到比較乾淨舒服。謝謝你！」

然後，我親自拿濕抹布示範，擦一次給他看，但心裡也擔心著，他待會兒會不會趁亂逃走。於是，我慎重地凝視著他說：「你不喜歡上學對不對？我也是。如果你等一下要走，一定要來告訴我。因為來這個新學校，我也有點怕怕的，但我是新轉來的老師，不知道要從哪裡出去，所以你一定要來叫我跟你一起出去，這樣我才知道路。不能忘記喔！」

湯姆聽完，愣了一下，表情怪怪的。我猜，他可能懷疑這位奇怪的大嬸真的是老師嗎？跟他以前遇到的老師怎麼完全不同，甚至有點不正常吧!?

另一方面，我真懷疑自己是急中生智，說這些話時完全不假思索，說得那麼順口又自然，完全是出自於真心，來到新的環境，我也真的有一些不安與擔心，只是比孩子更能處理自己的情緒罷了。

我想到，自己曾經在上曾端真教授的早期記憶課程時受到啟發，了解到原來我小時候印象最深刻的書——《湯姆歷險記》，對現在當老師的我的影響是：對於班上調皮搗蛋的孩子，我特別能夠同理他們，也因此對湯姆那種敢冒險去逃學的孩子尤其能夠接納與欣賞，才會在初次見面時，很自然地告訴他，如果要離校，記得來找我一起去。或許，我下意識還以為自己是哈克呢！

接下來，新編班的五年級學生陸續來到教室，一陣忙亂排座位、搬書、發簿本、大掃除，突然想到素有逃學紀錄的湯姆，連忙看了一下手錶，已經超過九點半了！我趕快搜尋一下湯姆的身影，幸好他還坐在位子上。於是，我又把他叫過來叮嚀、交代一番。

「湯姆，你還在，很好！記得老師早上跟你說的喔！如果要走，一定要來告訴我，不可以自己跑掉忘記我，要記得喔！」因為突然叫湯姆過來，為了不讓同學們覺得奇怪，於是我向大家宣布：「各位同學，你們早上進教室有沒有覺得桌椅經過了兩個月暑假，卻還算乾淨呢？那是因為這位湯姆同學一大早七點多，就來幫你們打掃，謝謝他幫全班擦桌椅。」這是我對湯姆稍早行為的肯定，並對他的貢獻表達謝意。說完，就讓他回座檢查書本及寫上姓名。

接下來每隔約一小時，我就用眼睛檢視一下他是否仍在教室，唯恐一個不留神，就在開學前返校的第一天，上演到處找學生的夢魘；這對於身為新老師的我，也是滿尷尬的。

還好，直到放學他都還在，謝天謝地！於是，放學前我又找他來，肯定他有做到我交代他的事，並不動聲色地叮嚀他明天要記得來喔！急著要去排放學路隊的他，對我點頭並回答說好。

湯姆離開後，我喘了一大口氣，終於解開了一整個暑假的謎，看到了這位傳說中的人物，今天第一次的交手，似乎尚可接受，算得上是好的開始。

接下來的日子，他果然陸續有些藉口想請假叫媽媽來接他，多半是說要看醫生或忘記帶東西要回家去拿，甚至連媽媽也成了共犯，說醫生打電話要他回診。但我問得很詳細，如：哪家診所？說實在的，我活了幾十年，幾乎從沒聽過有診所醫生會親自打電話叫病人回診的。我熱心地告訴媽媽，哪兩節是我的課才可以讓他請假，接下來英文任課老師的課一定要回來上，以免進度落後，但我的課則可以另外找時間幫他補。他媽媽卻不悅地說，還要再送他回來很麻煩。但試過這個方法幾次都無效後，湯姆和媽媽便死心了。

而另一方面，我也發現，他那幾次想找理由回去時，剛好下一堂都是英文課，於是我找英文老師問了一下他的狀況，大致是：功課常沒帶，我懷疑是沒有寫完，因此乾脆逃避。我問英文老師，以前是否聽過這號人物？她說知道，我請英文老師對他的課業標準先放鬆一些，免得他又開始拒學。這是我十分擔心的，雖然目前尚未發生過，我也絕不給發生的機會，請英文老師也一起配合幫忙我。英文老師面有難色地勉強接受，卻也跟我數落著湯姆落後的功課。

從頭學起：只要寫自己懂的就是成就

根據湯姆以前導師的敘述，舅舅是湯姆和媽媽主要的經濟供應者，雖然沒有住在一起，但對他的管教十分嚴厲。湯姆說，舅舅曾把菸灰缸直接向他扔過去。我因此打了幾通電話跟舅舅聯繫，除了說明我對湯姆的輔導計畫以及他在學校的狀況，並請求舅舅協助配合，還邀請他來參加開學後的家長日。舅舅答應我，他會和湯姆的媽媽一起出席參加。從此以後，有了舅舅當我的靠山，每次只要我搬出要先問舅舅意見時，湯姆幾乎就打消了請假等念頭。

或許是因為過去沒正常上課，導致課業嚴重落後，尤其是國語及數學這兩科。湯姆的字跡十分潦草、嚴重變形，根本無法辨識。功課與其說「抄」完，不如說是「畫」完還比較貼切。我幾乎無法有耐性地逐字辨識他的字。難怪我兒子的國中老師曾在家長日時，描述班上有文盲——不會寫字，這般不可思議的情況可能就像如此吧？

我每個週末必定會出寫日記的作業，而且規定至少要寫滿一頁，湯姆就真的畫滿一頁，所有的字幾乎都長成各式各樣的橢圓形，幾乎認不出來是在寫甚麼。

我在日記上面寫著：「湯姆，你寫得很認真。但老師都看不懂你在寫甚麼？字要寫工整，加油！」又把他叫來耳提面命一番。下次湯姆再交來日記時，是有進步一點點，勉強可以猜出是在寫他和媽媽、阿嬤等一群人去爬山吧。

不過，湯姆每次在日記中都寫了一大群人，想藉此增加篇幅，我又把他叫來「曉以大義」；我的標準降得很低，只希望湯姆的字能讓人看得懂，至少字的橫豎筆劃要好好寫，切勿懶惰就只畫橢圓形圈圈，我永遠難以忘記第一次看到從頭圈到尾的日記作業，簡直無法相信這是高年級學生寫的字！

為了不讓班上同學嘲笑湯姆的成績，同時要激勵他產生學習動機、絕不能放棄，我為他訂定了考試成績目標：國語至少要達到六十分、數學要達到兩位數（至少十分）。標準沒有訂得很高，所以他能夠積極達成目標，而我也會為此表示肯定。在國語方面，由於湯姆的口語表達能力不錯，因此能持續進步；倒是數學如果沒有選擇題可猜時，就有點危險。

有一次，一位成績優秀的傑倫同學想嘲笑湯姆的數學只考了兩位數的最低標——十分。我便問那位傑倫同學考幾分，他驕傲地回答：「九十五分！」我回應：「那你還不是考兩位數?!還敢笑別人！」同學們都配合應聲道：「就是嘛！」從此沒人敢再笑湯姆，而考滿分的人則根本懶得跟他比較。

值得一提的是，湯姆的國語聽寫越考越好，最後還能考到九十分以上，字跡的九成以上也都能辨識了。雖然字跡還是不夠美觀，但與他之前相比，我已經相當滿意。國語進步顯著的原因，可能要歸功於湯姆本身的語文表達能力不差，再加以適時的鼓勵，就比較容易激發他的潛能，看到成效。

記得剛接手湯姆時，我只期待他能每天準時上學，但他做到之後，我又期待他的功課能跟得上其他同學。原本我睜一隻眼閉一隻眼，默許他在數學課上打瞌睡或發呆，後來也變得不允許了，要他睜大眼盯著我上課的內容，還會故意叫他回答。

記得有一次，我舉例問他：「傑倫有五元，你有十元，那麼你的錢是傑倫的幾倍？」他不回答我，我不放棄，將問題改得更簡單：「如果傑倫有一元，你有二元，那麼你的錢是傑倫的幾倍？」他還是不回答我，我認為他是故意不回答的，正要發火時，下課鐘聲就響了。

於是，在我叫他陪我一起走下樓去教務處倒熱水的途中，我私下問湯姆，剛才為何不回答我，是故意要讓我生氣嗎？沒想到他一臉無辜地告訴我：「老師，我真的不知道甚麼是『倍』！」

天啊！我差點就誤會湯姆是故意惹我生氣而勃然大怒了！六年級居然連「倍」是甚麼都不知道，我真的好震驚，但從此也理解了學生的落後狀況，並調整自己的心態。

表面上雖然是我在教導湯姆，但實際上他也在教學上幫助我成長，讓我對學生有更多的了解、包容與體諒——其實學生的狀況很多都跟我們表面所看到的不一樣啊！

為孩子製造貢獻的機會：不能一天沒有湯姆

老師通常很難忍受學生課業程度嚴重落後。湯姆符合資格參加課後補救教學班，卻被我偶然中發現他又故技重施，多次欺騙補救教學班的老師說要去看醫生，結果是跑去同學家打電玩。於是，我緊急通知補救教學班老師要注意，千萬別讓他翹課得逞。

由於補救教學只有上兩天課，我積極地另外幫湯姆申請到每個月一千元的獎學金，並告訴媽媽，希望用這個獎學金提供他來上每天的課後班，這樣就至少能把每天的功課都做完。但當媽媽領到獎學金後，卻沒有去繳費。我苦口婆心地勸說媽媽：「請以湯姆的課業為重。因為，我認為以湯姆的才智，課業是救得起來的。課業有起色，才能幫助他更有自信以及提升學習動機，日後才有翻身的機會。而且，媽媽的將來還要依靠這唯一的兒子呢！」動之以情，說之以理，好說歹說，湯姆的母親終於答應了。

每個人都有亮點，我藉由找到湯姆的亮點來肯定他，希望他能重拾自信。像是：特異功能。我發現湯姆有一種特異功能，就是他能將手指頭反折一百八十度，貼在手背上，好像軟骨功似的。他下課時來表演給我看，我看得瞠目結舌。再來是，使命必達，有責任感。湯姆的打掃工作是倒垃圾，這是每天放學前的例行公事。班上曾經換過幾個人倒，但都沒他做得好，除非那天他不在，否則他一定會自動自發，使命必達！我特別在意垃圾的處理，只要有他在，我都很放心，足見他是很有責任感的孩子。

其三，聽老師的話。升六年級時，學校要各班導師推薦五名糾察隊，班上同學們躍躍欲試，我訂定了選才標準，除了課業不能太差外，「聽老師的話」為首要條件。品學兼優的同學沒人有意見，唯獨針對湯姆的成績會有不服的同學（剛好是位常與老師唱反調，總讓老師生氣的學生）。於是，我只問同學一件事——自從湯姆讓我教以來，我叫他每天都要來上學，他是否有做到？你認為，要從以前的不喜歡上學（同學都相當熟悉他），改變成天天準時上學，他是否有聽老師的話呢？話一說完，大家都心服口服，不再認為他沒資格了。

有一天，升上六年級才從鄰校調來我校的隔壁班謝老師告訴我，她以前在鄰校看到湯姆，那時他總是一副缺乏自信的樣子，畏縮在一旁，羨慕地看著別人玩耍，但看他現在神情充滿自信地擔任著糾察隊，令謝老師感到驚訝。聽了謝老師的這一席話，我受到很大的鼓舞。

而輔導室一位資深的組長也對我說，湯姆自從升上五年級被我教之後，簡直是有了一百八十度的大轉變，跟過去判若兩人！

我很少追問湯姆的過去，一方面是不想對他有偏見，另一方面是假裝不知道。這樣一來，沒有過去包袱的他，就能重新開始給老師好印象。

但我仍從以前的輔導組長的口中聽到這件事：某次湯姆正要逃出去，被他在校門口抓住。我偶然拿這件事調侃湯姆，但湯姆居然回答：「老師，我只有那次被抓到。因為那天我的腳扭到，跑不快，不然怎麼會被抓到？」湯姆說自己逃跑過十幾次，還有一次是另一位威猛的生教組長在追湯姆時，剛好校門口的號誌變紅燈，只好眼睜睜看湯姆跑進公園。

是這樣啊！我都不知道湯姆過去的光榮歷史，只知道當初他是登記第一號沒班導老師願意認養的無手冊特殊生。因為我剛好正值調動而沒有參與編班會議，有位昔日同事在該年級任教，說我能力很強沒問題，於是便與湯姆結下緣分。

我是個有點嚴肅的老師，高年級學生比較怕導師，但或許因為我比較關照湯姆，他倒是滿敢來跟我說東道西的，讓我能更了解班上學生私底下的問題，以便及時處理。會主動報告老師待解決的問題，這點也是湯姆的優點。

湯姆的眼睛很大，五官很端正，表達能力不錯。有次他主動告訴我，一、二年級時他的成績都很不錯，後來會變成那樣，是因為他有一天外出買東西，目睹阿公車禍死亡的可怕現場。我那時尚未接觸過相關的輔導知識，這件事並沒有跟他多聊。由此可見在湯姆小小年紀時，已展現了多元智能中的「自省能力」，他有時甚至能清楚地表達自己學不會英文的原因。

有些老師以為，湯姆後來沒拒學就好教了。其實不然，他跟其他搞怪學生一樣，花招百出。例如：假裝在老師杯子放瀉藥，或私下做些希望引起同學注意的鳥事。只是，無論他做甚麼我都能理解，所以總是可以處變不驚，不會大發雷霆。把湯姆叫過來好好引導，他總是很快就能聽話改進。我慶幸自己是用智慧，而非用盛怒逼走他的求學心。他在我班上的這兩年學校生活，應該還算過得有小確幸吧！我相信，總有一天，他會找到可以發揮他能力的人生舞台。

回顧與反思

我任教湯姆這班時，一路摸索與嘗試，有幸在升六年級時的暑假參加了阿德勒心靈導師兩年課程，最後總算將這班安然帶到畢業送入國中。我思索了與阿德勒的相關聯結如下：一、**運用鼓勵的技巧，像是肯定、接納、表達學生對班級貢獻的謝意**；二、**從成績與自信心方面著手，幫助學生克服自卑、不斷自我超越**；三、**「兒童愛之語」，以肯定的言語、與學生在精心時刻❹有更多交流等等，讓學生感覺到老師是愛他的，日後他才願意接受老師的管教**。

我讓全班每天寫鼓勵日記，也不時運用團體輔導，從班級互動中來增強班級的向心力，讓大家能夠互相鼓勵、扶持，一起朝相同的方向前進。

畢業那天，班上每個人都拿到三十張同學給自己的鼓勵小卡，帶著這份祝福邁向人生另一個階段，希望他們會永遠記得曾經擁有的美好友誼與回憶。

接觸阿德勒的課程後，我學會使用另一種角度去看待學生與所發生的事情。原本天天盼著退休的我，也重燃了對教育的熱忱，拾回初衷。

---

④精心時刻：可以解讀為彼此專屬的約會時間。在《兒童愛之語》這本書中，提出要表達愛有五種方式：「肯定的言詞」、「精心的時刻」、「接受禮物」、「服務的行動」、「身體的接觸」。在這五種方式中，每個人對於愛的接收強度各有不同，也就是每個人的愛之語不同。如果用錯方式，對方可能無法感受到你的愛。關於「精心時刻」，可參考本書〈【故事6】陪你走過低谷，為你添加勇氣〉。

蘇幼良

我因為調校離開原本任教20年的舒適生活圈，轉而去擔任高年級導師，在班級經營上遇到了待突破的瓶頸，有幸進入阿德勒班級經營心靈導師的課程，與夥伴們在挫折中鍛鍊、學習與成長，尤其是毓瑩、淑禎、端真等多位老師給我很多的啟發與鼓勵，讓我從原本盼望著早日退休的心情，轉變成期待在教育中展現所學、實現理想的情懷，也應證了阿德勒心理學的正向影響力。

【故事3】刺蝟小孩

——郭慧萱

數十載的教書生涯中，我碰過幾個像小威一樣的刺蝟男孩，一開始心總被他們扎得好疼，漸漸地，我窺見到他們脆弱易感的心靈其實滿是傷痕。如同甲殼動物必須用堅硬的盔甲保護軟軟的肉身，背著沉重盔甲的孩子疲累不堪，於是對世界失去信任的他們，慢慢長出了刺，用攻擊來保護自己並發洩心中的怒氣。

我相信，只要讓他們重新信任別人，他們會收起身上的刺；當內心充滿自信，他們就會勇敢脫掉重重盔甲，再一次用微笑擁抱這個世界。

畢業紀念冊裡的照片

「慧萱老師！」小玲老師迎面走來，我們興奮地打招呼，「好久不見！妳在那邊還適應嗎？」小玲一年前是我隔壁班的導師，帶完四年級，我接著帶高年級，她則轉到另一個學校。我們開心地聊著，她說：「我看到你們的畢業紀念冊了，看到妳摟著小威的照片，我真的好感動啊……」

畢業紀念冊裡，我摟著小威開懷大笑。誰看得出來，照片裡笑容如陽光燦爛的男孩，曾是一隻讓人避之唯恐不及的刺蝟。

現在想來，小威和我緣分不淺。中年級時，老見他繃著一張臉鬧彆扭，不只和同學吵架，也會對老師發脾氣。他三年級的導師告訴我，媽媽曾拜託她不要管小威，因為導師太嚴，讓小威每個晚上夢遊，排斥上學。升上四年級，換的導師小玲是個溫柔有耐心的老師，小威不再夢遊，卻成了脾氣火暴的暴走族。小玲老師把班級交接給我時說：

「他拍桌子嗆我：『我不要……』只要他脾氣一上來，就甚麼都不管，沒人奈何得了他！」

小玲告訴我，全班最讓她放心不下的就是小威。

是啊！剛接班級時，這隻小刺蝟動不動就張開他全身的刺，把身旁的人扎得遍體鱗傷。

渾身是刺的刺蝟

刺蝟小威，高年級男生，臉上藏著兩個圓圓的酒窩，笑起來很可愛！可惜絕大部分時間，他臉上總是掛著不屑的表情。他痛恨寫功課和考試，認為安親班是大人發明來折磨小孩的邪惡機構；他喜歡吃美食、聽舞曲和跳舞。不怎麼喜歡老師，特別討厭管很嚴、愛碎念的老師；他討厭女生，尤其是愛管閒事的女生。除了韓國舞曲，他對任何事都沒興趣；除了同一掛的「韓團Ｆ４」，他看任何人都不順眼；走路時有人擋在前面，他就不耐煩地叫人滾開；心情不好，他就飆幾句髒話。時常生氣、和人起衝突，甚至欺負同學、頂撞老師。

小威還有一個弟弟，但他覺得弟弟很煩。由於父母工作十分忙碌，他們放學後會在安親班一直待到晚上九點多，回到家通常也只有祖母在。父母下班時，兩兄弟多半已經入睡，但假日會帶他們逛街吃美食。小威想要甚麼，父母都會盡量滿足他。媽媽告訴老師，希望小威能快樂長大，請老師不要對他太嚴厲，也不要要求他的成績（小威卻抱怨媽媽只看分數）。他對自己吊車尾的成績也表現出毫不在乎的樣子。他在乎的是：功課能不能在學校寫完？學校的午餐好不好吃？下課和午餐時間能不能放舞曲？

我必須承認，一開始我真的很不喜歡小威，覺得他就是時下那種不懂感恩、行為乖張的「小屁孩」。父母平常工作雖然很忙，但一到假日就會帶他去吃香喝辣；爸爸甚至會特別請假陪他去校外教學……這樣的父母有甚麼好抱怨的？為甚麼不好好學習呢？

然後，我想起《兒童愛之語：打開親子愛的頻道》（中國主日學協會出版）裡提到，**每個孩子的愛箱都不一樣大，我們所能做的就是一直滿足它，直到他相信我們無論如何都會愛他，然後我們就可以開始管教了**——「孩子，我愛你！但是不行！」、「孩子，我愛你！但你真的錯了！」如果和孩子建立起愛與信任的關係，他便不會抗拒你的管教，而且他會學習到：不贊同一個人，不代表不愛他！

要讓他感受到愛，必須無條件接納他的一切，好的壞的都要接納，而不是急著去改變他。但這真的好難，幾次耐著性子和他溝通，到最後總會被他目中無人的態度而激怒。

改變的起點

我告訴自己，我怎麼可能在短短的時間內，改變他用十年養成的習慣？因此我要繼續努力，不能放棄。

我觀察小威的上課情形，發現他在上以講述為主的科任課時，確實興趣缺缺，受到老師糾正後，便用一種不以為然的態度撐個幾分鐘，然後變本加厲。如果老師持續糾正，他便會直接槓上老師；但是在我以討論為主的國語課堂上，他卻發言踴躍，和組員間的互動也很積極熱絡。而在上自然課時，甚至會因為發問太多而遭到自然老師制止。所以，我認為他不是拒絕學習，他只是希望拿到學習的主動權與發言權，這個慾望如果被壓抑，他就會用消極的態度來抵制，若持續加壓，他就會反彈。

另一方面，由於無法從上課中獲得樂趣，小威只好自己找樂子，像是：出怪聲、止不住的大笑、捉弄同學……這些不當的舉動自然會引起老師不悅而加以制止，然後就形成一個惡性循環。

要忽視一個時而跟同學擠眉弄眼，嘻笑打鬧，時而因為你說了某句話的諧音而狂笑不止的孩子——並不是件容易的事。有一次上課，教室左側突然傳來一陣大笑，標準的旁若無人的「小威式」狂笑，我不作聲，也不看他，笑聲收斂了，我繼續上課；不一會兒笑聲又出現了，我覺得自己快被激怒了，於是我告訴自己：這孩子在探測我的底線，我千萬不要被一個九歲的孩子操弄……深呼吸之後，我問他：「小威，你喜歡這篇文章的哪個部分呢？」

「不知道！」這小子依舊是一派嘻皮笑臉，滿不在乎的樣子。

「看你笑得那麼開心，我以為你很喜歡這篇文章呢！」

「不是啦老師！是他很白癡啦……」他指著隔壁的小志，又狂笑起來，手興奮得拍打桌子，其他孩子也跟著騷動起來。

「我很想知道是甚麼事這麼好玩，不過現在是上課時間，不然你把它寫在日記本上給我看好了！」全班瞬間安靜下來。

「吼～老師～不要啦！」一提到寫東西，小威收起笑容，整個臉揪成一團，嘴巴開始碎念……。

「或者，我們先把這件事忘記，專心上課！如果你不再用其他聲音提醒我，我應該就不會想起這件事。」我笑著對他眨眨眼。

「好！好！好！」他立刻正襟危坐。

「好！大家現在來找找這篇文章中你喜歡的段落或句子，找到後請跟旁邊的同學分享！」然後我走到行間巡視，看情況加入他們的討論。

幾分鐘後，我聽到小威又大聲談笑，於是走到他們那一組。

「老師聽到你們很認真的在討論，但是聲音太大會影響其他人，所以要請你們小聲一點。還有，小威，我可以邀請你等一下跟大家分享嗎？」

「蛤～～」他發出不情願的聲音，但是並沒有拒絕。

「謝謝你！」我給了他一個微笑。

三分鐘後，小威這麼說：「我不知道！」

「謝謝你的誠實，能坦誠分享你此刻的感受是很勇敢的！老師剛剛看到你和小志很認真的在討論，相信下次我們會聽到你更多的想法。」

就這樣，我努力去發現並鼓勵他的努力與進步，在他又退步時，我就鼓勵自己：「這是必然的，改變不是一蹴可幾的，我要更有耐心，不能放棄！加油！」

阿德勒的訓練告訴我：勇氣，是在逆境與挫折中仍堅持到底的力量！

從自我鼓勵中得到勇氣之後，我也能持續不斷的給予孩子鼓勵！例如：「小威剛剛在分組討論時，不但主動發表，還熱情地鼓勵同學積極發言，你很有責任感又有領導能力唷！」、「你問了一個好問題，這表示你剛剛很認真上課。而且老師很喜歡你的發問態度，很有禮貌，讓老師覺得受到了尊重，謝謝你！」

剛開始，他對我的鼓勵表現出一副不在乎的樣子，但好行為的頻率慢慢增加了，然後他的臉上漸漸出現笑容，我告訴他，當你感到開心卻不知該如何表達，你可以跟我說：「謝謝！」所以，我得到了好多個小威給我的「謝謝！」。

我開始跟他聊他很討厭上的課，他激動地說著那堂課有多無聊，那個老師有多機車……我告訴他，雖然我不同意他的某些看法，但尊重他持有不同看法的權利。「我們要學會尊重不同的人事物，所以老師相信，即使你不喜歡，你也會用禮貌的態度來上這堂課。」他不置可否，但我在接下來的科任課堂上看到了他的努力，我坐在後面，微笑地對他豎起了大拇指。

經過一個學期的相處，我發現小威相當討厭考試，尤其是紙筆測驗，遭受太多次挫敗後，他乾脆用拒絕來療傷。考試分數低讓他覺得被否定，連帶降低了他的自我。總是盛氣凌人的小威，一上數學課便像鬥敗的公雞，趴在桌上裝死，他總說自己笨，怎樣都不可能學會的！我猜想，他外表的兇狠會不會是在掩飾他的自卑？……

開學沒多久的綜合課，我讓孩子玩「如果我是一種……我會是……。因為……」賓果遊戲，希望藉此多了解他們。小威在其中一格寫道：「如果我是一種昆蟲，我會是蜜蜂。因為蜜蜂很可怕，如果我變成牠，我就不怕牠了！」

我想，我找到小威愛扮黑道老大的原因了！不過，我發現，小威並不清楚蜜蜂螫了人之後，自己也會死掉這件事。

「好可怕哦！」他顯然受到不小的驚嚇。

「所以蜜蜂是不隨便螫人的，牠只有在認為自己的性命受到威脅時，才會做最後一搏。在與對方同歸於盡的同時，也保護了其他同伴。老師覺得你和蜜蜂一樣有義氣呢！但我捨不得你死掉，我們一起想出不必兩敗俱傷的方法如何？」

我發現小威喜歡舞曲、節奏感不錯，於是鼓勵他和班上同學組隊參加「熱舞大賽」。這群男孩很愛跳舞，但誰也不服誰，每次吵到我這裡來，我只告訴他們：「你們必須自己找到解決的方式！別忘了，大家想法雖然不同，但目標只有一個。你們可以用民主的方法討論、表決，尊重彼此的意見。但如果現在放棄，以前的努力就白費了。這是你們想要的結果嗎？」

途中有人退出，然後又重新加入。在過程中，孩子們不只練習舞步，也練習如何和隊友溝通、如何和夥伴合作？這一路吵吵鬧鬧、分分合合的天團，最後在舞台上用活力與動感、開心跳舞的態度征服了全場，在汗水與笑容中，他們得到第三名，也建立起一種患難與共的革命情誼。最讓我感動的是，他們一點都不嫉妒拿到第一名的女生，一直誇女生跳得真好。最後，大家甚至把獎金捐出來，在期末辦了一場盛大的感恩餐會。

我告訴小威，他在舞台上好帥：「你不必當蜜蜂，你很特別，你就是你！」他笑著露出了兩個可愛的酒窩。

我認為，學習解決問題的方法和培養良好品格，遠比考高分重要，所以設計了許多活動讓他們從體驗中學習，讓他們了解到，課本只是學習的媒介之一，分數並不是評斷人的唯一標準，每個人都可以在不同的領域找到自己的長處。而在活動進行中，同學之間的相處更加緊密，攜手合作讓他們看到彼此在課堂之外的不同面貌。原本對自己的學科分數感到自卑的小威，在參與這些學科之外的活動中，找到了認同感、價值感以及能力感，最後甚至戰勝了他最害怕的數學。

下課時，一群孩子圍著我閒聊，小威忽然說：「我覺得，升上五年級後，學校變得比較好玩了耶！」

「我也覺得！」、「我也是！」附和的聲音此起彼落。我對他眨眨眼：「小威，你真是個很有魅力的意見領袖耶！」

「老師，那我們下課能不能聽音樂？求求妳！」這隻小刺蝟越來越愛撒嬌了。

脫掉身上的盔甲

改善學習態度之後，我面臨的是小威更棘手的情緒問題。這個臉上寫滿不屑的孩子，簡直是上天派來磨練我的耐性的。只要不順他的意，他的壞脾氣就會瞬間爆發，他似乎認為全世界都要聽他的，而千錯萬錯都是別人的錯。

起初我主動找他聊天，他話不多，問他甚麼，答案都是：「還好！」、「不知道！」後來，他會主動來找我，多半是抱怨，聽他抱怨科任老師、抱怨同學、抱怨午餐、抱怨功課、抱怨數學、抱怨父母、抱怨安親班……我微笑聽著，忍住批判的衝動，只同理他的情緒：「那讓你很生氣！」、「唉呀！你一定覺得很煩……」我想先同理他的感受，再慢慢帶著他同理對方的感受。

只是每次處理小威和同學之間的糾紛，總有一種元氣大傷的感覺。我必須很努力，才不會被小威的自我中心和霸道所激怒。

當大人無法理解孩子的行為時，因為摸不著頭緒無法對症下藥，往往會被孩子一而再、再而三的偏差行為困住，失去耐心，只能用權威迫使孩子聽話。而就在這時，大人已失去了孩子的心。

孩子們被迫屈服之後，或者暫時聽話，或者陽奉陰違。更可怕的是，他可能學會了你這套讓別人聽話的方式，然後把它發揚光大，用在其他人身上，我處理過的暴力個案，都曾有遭受體罰的經驗。所以，我放棄這條危險的捷徑，我要努力找到小威這些行為背後所傳遞的訊息。

孩子需要的，不是同情而是同理。

孩子透過行為傳遞著無法說出口的求助訊號，我努力去發掘隱藏在孩子行為背後的真實意圖——他們的匱乏與需要，不管是有形的或是無形的。在理解孩子之後，我們的對話才真正開始。

為了能一邊帶班，一邊兼顧日碩的課業，我一直兢兢業業。孩子們也多半能遵守和我的約定，在我公假去上課的日子裡自我管理，讓我沒有後顧之憂。

在一個公假後的早晨，我進教室後方才坐定，衛生股長一臉委屈向我報告：「老師，昨天有些人都不打掃，聚在一起聊天，我叫他們都不聽，小威還罵我髒話。」

我告訴他：「麻煩你請小威過來。謝謝！」不久，小威一臉不高興的出現在我面前。「你昨天很生氣……」我看著他的眼睛輕輕吐出這句話。他臉上閃過詫異的神情（說實在的，我也被自己的平靜嚇住了！）然後委屈地點了點頭。

「小傑一直叫你，讓你覺得很煩……」

「對啊！其他人都沒打掃，他就只叫我一個……」

「所以，你就用髒話罵他！」

「嗯！」他不好意思地點點頭。

「你覺得小傑被你罵之後的感覺是甚麼？」

「不開心！」

「如果是你，你會不會因為怕被罵而不敢叫同學打掃……」

「不會！」

「所以小傑和你一樣負責任，卻被人罵髒話，他的感覺是甚麼？」

「很難過！」最後，小威主動向小傑道歉。這是第一次，小威不再推卸責任，不再一味責怪別人。他感受到別人的心情，而心甘情願地認錯。

先同理❺他的情緒，再處理他的行為。小威感受到我的理解，不需再築起一道高牆來保護自己，因而能感受到別人的心情，這就是「同理」的魔法啊！也是從這次之後，小威願意對我敞開心扉，我們之間有了一種相互理解的默契。

仔細想想，在我從小所受的教育裡，生氣是不被允許的，大人總告訴我們：「不要生氣！」但怒氣被壓抑之後並沒有消失，當它累積到一個無法負荷的量之後，便猛烈爆發，造成更大的傷害。於是，我和孩子運用**團體討論**❻一起面對自己憤怒的情緒，學習如何處理我們的「生氣」。還有，當對方讓我們感到生氣時，如何用「我訊息」和對方溝通，避免彼此傷害與衝突。

我用一堂課的「團體討論」讓孩子談自己生氣的原因、提出因應的方式，過程中我不做批判，只拋出問題讓他們思考。孩子們也不能彼此攻擊，要用心傾聽，同時提出自己的想法，我們只做統整，不做結論。

讓孩子們在討論中釐清自己的情緒與處理方式造成的結果，同時理解別人的想法，最後選擇不傷害別人，而自己也能接受的方式來處理生氣的情緒。這樣的過程，對小威或其他孩子都有很大的幫助。

「我訊息」的重點，則在呈現對方行為對我造成的影響，帶給我何種感受？最後表達出對對方的期望——你的行為讓我難過，這代表你在我心目中很重要。而不責備對方就不會破壞彼此的關係，所以邀請對方合作的期望極容易成功。

小威打掃時常偷懶、貪玩，常要衛生股長和我盯著才肯做。有一次，他又在我忙碌的狀況下，躲在走廊玩。我發現自己快失去耐心了，但我壓下怒火試著用「我訊息」和他溝通：「小威！對於你必須要我和衛生股長盯著才願意打掃這件事，我覺得很難過。因為，我必須放下正在處理的事務來照顧你。而且我擔心，你沒辦法自動自發做事的這個習慣會讓你吃大虧。你如果能自己做好打掃這件事，不但養成了好習慣，還能讓老師專心做好我的事情。在我心目中，你一直是個體貼的好孩子。你願意幫我這個忙嗎？」

他點點頭，開始很認真地打掃了。之後，他如果一不小心又玩了起來，我只要說：「小威天使在嗎？」他馬上就乖乖去掃地。

我發現，用「我訊息」的方式來處理孩子的違規或偏差行為，讓我不需要再動怒，而且非常有效：對於較大的孩子來說，自尊心不會受損，因此願意配合改正；而對於較小的孩子也不會因為被大人的怒氣嚇到，而搞不清楚自己哪裡做錯，使得過錯容易再犯。因此，我也讓孩子練習用這樣的方式來溝通。

當他們發生糾紛時，我不再扮演「調解人」的角色，而是讓他們在我前面做一次「我訊息」的溝通，孩子逐漸學會自己解決問題，糾紛也慢慢減少了。

小威很討厭小如，他認為她愛告狀，因此利用各種機會整她。比方說，在練舞時把她的鞋子藏起來、打掃時故意用拖把甩她水、走路時故意撞她……他每次都找理由搪塞，我很討厭他這種欺負人的行為，好說歹說都無法化解他的心結。

有一次我親眼看到，忍不住把他痛罵一頓，這樣卻讓他更加懷恨在心，甚至化明為暗，他為自己的行為找到合理化的藉口：「小如是『抓耙子』，要好好教訓她才行！」

我告訴小威，如果你不做錯事，別人不會告你。小如告訴老師是希望你有機會改正；這件事不是她說的……等等，但這些說法都無法改變他的偏見。所以，我採用了另一個方式。

上完第一節實驗課，小如回教室向我哭訴，小威做實驗時故意用手肘撞她。我安慰她之後向她保證，會找小威談，絕不會讓任何人這樣對她。然後，我到自然教室找小威。

「小威，小如剛才很難過！」

「吼！又去告狀了！是她自己白目，做實驗的時候一直擋在前面……」

「我看得出小如很在乎你！」我看到他盛怒的臉鬆動了一下，我放慢速度說：「她告訴我，你是很好的人，心地善良，很會幫助別人，所以你這樣對她讓她很傷心……」

「我又沒怎樣……」他幽幽吐出這句話，但看起來怒氣已經消了。我提出邀請：「小如因為太在乎你，才會這麼敏感。等一下可不可以幫老師一個忙？對她笑一笑，鼓勵她一下，她剛剛看起來真的很難過呢！」

「好啦！我盡量！」他面無表情地離開了。

第二節下課，小如眉開眼笑地跑來告訴我：「小威剛剛對我好溫柔哦！他還對我笑耶！」

「是啊！他剛剛聽到妳很難過，也覺得很過意不去呢！」小如是個沒心眼的傻大姐，直來直往，容易得罪人。我趁這個機會跟她聊聊和其他人相處的方式，以及發揮正義感時如何不傷害別人，同時能保護自己的方法。

犯錯是學習的機會

小威家庭健全，母親會按時簽聯絡簿，父親也會和他一起參加校外教學。因此，我和小威的母親做了幾次深入的晤談，想探究小威這些問題行為的形成原因：他究竟想告訴大人甚麼？可以確定的是，小威的滿口髒話原來師承祖母。

小威的父母親工作忙碌，因此他在家的時間幾乎都和祖母在一起，祖母常用髒話叨念小威，難怪他動不動就飆出髒話，而且很討厭嘮叨的老師。

其實，我曾經一連打了幾天電話，小威父母都還沒回家，接電話的小威說，不知道他們何時回家？我覺得心疼，陪他聊了一下，慢慢感受到：小威看似衣食無缺，但富裕而冷漠的外表下，一顆渴求父母關愛與陪伴的寂寞心靈仍熾熱跳動著。

母親節前夕，我們打算親手加工一包美麗的餅乾送給媽媽。在我忙得焦頭爛額時，小威一直吵著要我快點發材料，他想趕快把餅乾吃掉。

我皺著眉頭告訴他：「這是給媽媽吃的，不是給你吃的！」

他兩手一攤：「沒差啦！我跟她要她就會給我，她根本不吃我送她的東西，每次都放到壞掉！」

「你覺得媽媽不在乎你的禮物，是嗎？」

「沒差啦！我也不在乎！」

「糟糕！我也常常因為捨不得吃人家送的東西，而不小心放到過期。因為太在乎反而辜負別人的心意，真的很對不起送禮的人！」

「我媽才不是這樣！」他悻悻然回到座位。

當天晚上，我打電話去小威家，一直到好晚，終於聯絡上小威媽媽。我告訴她小威的感受，拜託她這次收到禮物一定要表現出欣喜若狂的樣子，並且當著小威的面，帶著幸福的表情把東西吃掉。

母親節後，我們在綜合課上分享媽媽收到東西的反應。小威說：「我媽超愛的好不好，她一下就吃光了！」他得意的臉龐漾著幸福的笑。我想，他確認了媽媽對他的愛。

有一天小真來告訴我，小威和幾個孩子霸凌小新。一大早我還沒到校前，小威和幾個孩子把小新的錢包丟來丟去，小新一直要他們把錢包還他，其他人也叫他們不要這樣，但他們正在興頭上，根本不聽，還是一邊笑鬧著。最後，小新趴在桌上哭，他們才把錢包還給小新。

我聽了之後大為震怒，這幾個孩子平常愛玩愛鬧，但這樣殘忍的惡作劇，踐踏別人的自尊而不自知，真是愚蠢的霸凌行為。我先謝謝小真的正義感，能夠挺身而出揭發惡行是一種難能可貴的勇氣。接著，我安慰小新並肯定他捍衛自己尊嚴的勇氣。

我到輔導室借了一部日本動畫影片《生日快樂》，這是一部談霸凌的感人影片。我們用兩節課的時間看完，許多人都哭慘了。在團體討論中，孩子們終於了解到，「霸凌」不只是指對人的身體造成傷害的行為，使用言語或行動使被害人內心遭受創傷的霸凌也相當可怕。因為外表看到的傷可能會痊癒，但內心的傷痕會折磨受害者一輩子。

最後，我們做了一個活動：寫小卡片，親自向你曾傷害過的人道歉，並請求他的原諒。如果他願意原諒你，就接受你的握手或擁抱。看到小威他們很誠懇地向小新道歉，我很感動。如果大人在事情發生的當下能冷靜思考，錯誤便能成為孩子學習的契機。

帶著溫柔的心展翅飛翔

我不希望孩子被線上遊戲裡無所不在的暴力影響，於是帶著他們接觸生活中真實的生命。藉由養蝴蝶寶寶，讓他們感受生命成長的不易——有了溫柔的心，便能呵護其他生命；到「愛維養護中心」服務時，孩子們認真表演、努力餵飯、用輪椅推著病友到戶外曬太陽。小威知道阿燦姐姐喜歡花，特別摘了一朵花插在她的髮鬢上，陽光灑在他們溫柔的臉龐，我看到了小天使。

下午到八里左岸，我們一起陪著堅持到底、不願放棄的小琪學會了騎腳踏車。當小琪克服恐懼，奮力向前踩的那一刻，我們鼓掌、歡呼，比自己得獎還興奮……若我們感受到生命的美好，怎麼會輕易傷害其他生命！

被需要的感覺能幫助孩子在團體中找到自己的位置，於是我邀請小威擔任資訊小組召集人，負責統籌資訊小幫手的排班工作。我發現，他很享受被需要的感覺，忙得不亦樂乎。

有一次，他貪玩忘了處理，我也不責怪他，只是淡淡的說：「看來你似乎很忙！沒關係！要不要我找其他同學幫忙？」他馬上回答：「老師，不用了！我可以的！」

小刺蝟小威要畢業了，他沒有上台領任何獎，這讓他很沮喪。在畢業典禮預演時坐立難安，甚至告訴我，他不想參加畢業典禮。我回應他，就像熱舞大賽時坐在台下為你鼓掌的觀眾一樣，現在我們可以做一個稱職的觀眾，給台上的同學真心的鼓勵。這不是你的舞台，但未來你可以創造屬於自己的舞台。

我做了獎狀送給三位沒機會上台領獎的同學：「希望你們記得頒獎給自己，為自己加油！給自己繼續努力的勇氣。」

最後一節綜合課我們做了「給自己的畢業成績單」。我送給他們這一段話：「仔細想想，原來你們不知不覺間學會了好多好多事。在難過得快要失去勇氣的時刻，一定要記得給自己鼓勵。我親愛的孩子！」

然後，畢業生在校的最後一天，我們寫了一封信給二十年後的自己，將信一一放進時空膠囊封存——「當你們帶著勇氣前行，老師會一直守護著你們的夢想。」我舉起手中二十幾個熾熱的夢想，微笑地看著他們。

畢業典禮結束後，我領著這群小天使步出校門，發現小刺蝟的身上已經沒有刺了，和其他人一樣，他的背上多了一對翅膀，正準備飛向遼闊的天際……

後記

畢業那年，小威在跨年晚會時回來幫學弟妹的表演加油，我對他眨眨眼，問他：「如何？有沒有一點你們當時的迷人與帥氣？」他笑著說：「他們跳得比我們好！」靦腆的笑容完全取代了之前不屑的神情。

一晃眼兩年過去，書稿付梓前，我在社群軟體上得知，小威加入了學校的橄欖球隊。以前動不動就喊累的小威加入訓練嚴苛的橄欖球隊?!驚訝又開心的我當下約好隔天放學後去看他練習。

四月天，風很涼很舒服，我坐在操場旁的看台上將近半個鐘頭，看著一群大男孩在場中揮汗練習：聆聽教練指導時，他們雙眼緊盯教練，不動如山；演練戰術時，他們化為矯捷的豹，緊追獵物不放，汗水在黝黑的臉上閃閃發光……。我在其中來回搜尋，一個高瘦結實的男孩抓住我的目光——他有點像我的小威，可是小威是圓的呢！就在我滿腹狐疑之際，教練過來關心我的來意，然後，那個高高瘦瘦的男孩跑到我眼前：「老師～～」「天啊！真的是小威！長這麼高，瘦了，更帥了！」我難掩欣喜，頻頻跟教練道謝，謝謝他將我的小威訓練成一個健壯的陽光男孩了。

我和小威聊起他的近況、他加入球隊的緣由，和辛苦的訓練過程……。每天放學後加上寒暑假，風雨無阻的苦練，我很好奇他怎麼挺過來的？

我問他是否有過放棄的念頭？他點點頭：「寒暑訓要住校，很辛苦！那時很想放棄。」「讓你堅持下去的原因是甚麼？」他又笑了：「就休息的時候和同伴一直玩，然後就忘記辛苦了！哈哈！」

還是我那純真重義氣的小威啊！我忍住在他同伴前擁抱他的衝動，拍拍他的肩膀說：「老師很高興看到你找到了生活的目標，活得這麼樂觀開朗、積極努力。現在的你充滿自信與活力，帥極了！」

接著我拿出書稿，告訴他我寫了一個男孩努力的故事，而他就是文章中的主角，希望他看完後可以給我意見。看著以前在學校只愛看漫畫的他，一字一字慢慢的認真讀著，我莫名的感動，也覺得有些緊張。看著文章，他不時吃吃的笑著，有時又似乎隨著其中情節，回到了過去……我稍稍放下心來，這至少表示他並不討厭我所寫的故事吧！

約莫二十分鐘後，他笑著把文章還給我。我試著緩和一下緊張的氣氛：「你知道你以前曾經讓老師很頭痛吧？」他不好意思的笑著點點頭。「看完之後有甚麼感想？」他的招牌靦腆笑容又出現了。「老師把你的事寫出來，會不會讓你不舒服？」他搖搖頭說不會，然後問我：「老師，還有沒有另一份？可以給我嗎？」我開心的摸摸他的頭說：「書出版之後，我會送你一本，你可以大聲告訴你的家人和朋友，書中這個充滿勇氣，不斷努力向前走的主角，就是我本人哦！」

他笑了！燦爛的笑容在帥氣的臉上綻放出自信的陽光！

我的小威長大了！收起身上的刺，他努力鍛鍊羽翼，變成一隻在天際翱翔的鷹，沐著陽光，迎著風雨，奮力朝夢想展翅飛去！

⑤ 同理：站在對方的立場，去感受對方的感覺以及其內在世界。關於「同理」除了可參考本篇故事〈刺蝟小孩〉，還可參考〈【故事10】打開心的窗〉。

⑥ 團體討論：能幫助學生了解與思考多元意見，老師盡量讓學生暢所欲言，而且不去灌輸學生教條式的經驗。關於「團體討論」，可參考〈【故事9】這是甚麼樣的班啊？從自我到照顧別人〉。

郭慧萱

當過採訪記者和出版社主編，現在是幸福的國小老師。酷愛閱讀、打鼓、旅行、胡思亂想和新奇好玩的事物。走過內向畏縮的寂寞童年，仰賴閱讀打開視野、餵養自信；遇見阿德勒之後，慢慢接納自己的不完美，看見生命的種種美好。於是，在「花婆婆」中看見圓滿的自己——住在靠海的淡水、到遠方旅行、努力教育孩子，讓他們如魯冰花的種子一般開出美麗的花朵，讓世界更加美好！期許自己成為陪伴孩子的「麥田捕手」，永遠守護孩子的純真、努力與美好。

【故事4】絕處逢生找勇氣

——陳書悉

踏上教學之境，我原以為只要像個園丁，按時播種、施肥、用心耕作，有朝一日學生就會像五穀一般按時收成；只要我依時澆灌，就可以期待有朝一日桃李芬芳。但教學越久，就越像走入一片未知的田野，教學現場一直在變化，不管是教學專業的要求，或是學生的各種狀況的發生，常令人疲於應付；辛勤工作的結果往往不如預期，於是熱情不斷被澆熄，有時心也被孩子們扎得好痛。即使如此，帶著孩子發光的渴望一直都在，我也一直思索、進修，尋求這片教育田野改變的生機。

「危機」正是「轉機」

那一年六月，送走一群資質聰穎、伶俐乖巧的畢業生，心中很有成就感。連續幾屆擔任高年級導師下來，我喜歡帶領孩子從事多元的體驗活動，充實生活經驗與視野。雖然對自己的課堂教學頗有信心，可以讓孩子有所學習，但我也發現自己亟需充電，一向賞罰分明、開明懷柔的我，與學生的心靈之間，感覺似乎還有一段距離，我想要提升與孩子互動的品質。

暑假過後，我再次接任高年級導師，重新上緊發條，準備迎接一批新的孩子。這個新班級有好幾位接受輔導的個案學生，尤其一位孩子有亞斯伯格症狀，一位孩子被認為過動。當這亞斯遇上過動，互相碰撞，加上其他孩子見亂而入的林林總總事件，那些日子幾乎天天神經緊繃，天天有打不完的親師聯繫電話。

五年級男孩阿樂，天資聰穎，反應相當敏捷，上課時口語提問發表常有出色的表現；但日常表現是另一回事。一開始看到阿樂，桌面雜亂，書籍、文具、食物散布，抽屜裡隨意塞滿了東西，找東西要翻箱倒櫃，作業、學用品東缺西漏是家常便飯；而最讓我擔心的，是阿樂情緒起伏大，前一刻還像個天使，嘻嘻哈哈與同學玩耍，只是個性執著、不易變通的他，一個言語不和，意見不同，就與同學爭得面紅耳赤，結果不是暴跳如雷，跑來找我告狀，就是落得趴在桌上痛哭流涕。

孩子們有衝突，通常我會等他們情緒稍穩定後，把各方找來讓他們說個清楚，過個一、兩節課，等孩子氣消了，問題也好解決了，但對於很有自己想法的阿樂，我總要花上更多的時間處理。面對這樣的孩子，即使花好多時間溝通與引導，效果仍然不理想，也弄得自己好氣。

另一個男孩阿德，剛接班的時候就發現他專注力不足、學習意願低落，而他慣於偷竊、易與人起衝突的習性，也逐漸浮現。有阿德在班上，班級經營相當費力，班上的桌椅備品常被惡意損壞，班級打掃區域的廁所要不是掃具被亂丟、不然就是門片整個被拆下；三天兩頭就有孩子的個人文具被偷，乃至後來科任老師的皮包上千元被竊，甚至學校附近的商家也通知孩子現場行竊，而這孩子就是阿德。

身為一個教學年資已逾十年的導師，開學兩個月後，每天仍有處理不完的狀況，壓力很大，內心也很挫折。有挫折的老師，如何能把班級帶好呢？

似乎「危機」真的是「轉機」，機會來了，我加入了「心靈導師成長團體」，開始接受阿德勒理論與實務的訓練，並且也接下學校兼任輔導老師的工作，協助學校輔導個案學生、帶領主題式小團體。逐步增強自己能力的同時，我的挑戰也迎面而來。

抹不去的傷痕

由於阿德私自拿走同學物品的事件層出不窮，一次一次的處理與輔導，卻也沒辦法杜絕。有一次，班上有位孩子的物品遺失，同學們就私下質疑是阿德所為。他一感受到被質疑，情緒大爆發，在教室內到處亂竄亂走，很快的將眼前所及的桌、椅、講台、電腦，一一推倒。

在還沒有釀成更大的損害時，我從後頭抱住他的身體與雙手，並輕聲請他深呼吸、吐氣。阿德身形壯碩，強力掙扎之下，順手抓了一支自動鉛筆，冷不防，往我右手臂用力劃了下去，頓時，劃出了一道長達十公分的傷痕，傷口馬上滲出血來。

一時之間，心中湧起一股複雜的情緒，我用心對待的孩子，居然傷了我……。手臂的痛楚、心中的憤怒、對於他的擔心……思緒與情緒接踵而來……然而已經上課了，全班孩子就在面前看見這一切，他們也一定嚇壞了吧！這節課我怎麼上呢？

傷了人的阿德知道自己闖了禍，動作稍微停歇了下來，我安撫阿德，請他到陽台洗臉、冷靜一下。我知道我自己也需要先整理，深呼吸幾口氣，向孩子們說：「剛剛阿德在生氣，大家都看到了，生氣的時候有時會做出平常不會做的事，甚至傷到自己或別人，剛剛有誰也被嚇了一跳的？」有些孩子舉手，我看著那幾位孩子點點頭。我試著同理在場每一個人的震驚。

「嗯！剛剛老師站在旁邊，不小心也受傷了，現在手臂有點痛，心裡也跟你們一樣嚇了一跳。請大家深呼吸幾口氣，喝一下水，準備好的同學拿出課本來預習，讓自己安靜幾分鐘，也給老師幾分鐘喘口氣。」我與孩子們表達自己的情緒，共享此刻的心情。

我請幾個孩子幫忙把推倒的物品歸位，用酒精稍微消毒一下我的傷口，也安定一下情緒，幾分鐘後，阿德回到了座位趴著，他在害怕嗎？他哭了嗎？

我轉身開始上課，心仍念著他，手臂的痛已經不算甚麼了……。

阿德在我手上劃了一道傷痕，傷人的嚴重性，使得我有了一個契機與原本配合度不高的家長接上了線，當天晚上我親自登門訪視。我請家長先讓孩子待在房間內，由我單獨和他們談。「臨時上門，很不好意思，謝謝你們撥出時間來與我見面。」我告知阿德的父母平時他在學校主動幫忙的好表現，讓他們了解即使孩子常出事，但總有表現好的地方。再敘述了事情的大致經過，讓他們了解身為導師對於他的了解與擔心；同時在聊天中，父母也透露了家庭概況，讓我約略了解他們與孩子互動的方式。

我很慶幸終於有一個溝通的起始點，親師逐漸站在一起，我更感到媽媽對阿德的關愛，但因為孩子以往層出不窮的行為問題，媽媽對他的表現沒有信心，也感到沮喪；同時，我感受到媽媽有一些沒有說出口的家庭議題，平時除了叮嚀，她也常以責罵、甚至體罰的方式管教。如此沮喪挫折的媽媽，是很需要打氣鼓勵的。

因此，我先謝謝媽媽的協助，肯定她對孩子的付出與照顧；我也清楚阿德在情緒反應與人際互動上的困難，很需要爸爸媽媽一起協助。因此我提醒：

「阿德的行為要進步，絕非大人耳提面命就可達到，他很需要鼓勵與陪伴，要花時間陪伴孩子，有空時可以一起出去走走、做運動，讓孩子多參與家庭活動。」

往後，我時常與阿德母親保持聯繫，一段時間下來，我逐漸了解阿德的家。父親白天在工廠工作，回家後身體疲累，常以管教之名，對阿德嚴刑峻罰，以操體能的方式管教孩子，做幾百下伏地挺身，或帶去校園跑幾十圈操場，這都是常有的事。

母親為主要照顧者，較關愛阿德，但言語上也常挑剔他。此外，父母兩人除了管教態度不一，也常拿他與姊姊比較，阿德對此頗有怨言，覺得父母偏心、姊姊也嫌棄她，姊弟相處也就不和睦。我隱約發覺，阿德在家裡其實是被壓抑的，長期下來，孩子在家庭中沒有得到肯定，幾乎完全被拒絕，憤怒的情緒也被壓抑著。

阿德在學校的偏差行為，原來是在尋找情緒的出口，同時也在求助，希望再次得到關愛與注意。

以鼓勵代替責罰，以同理替代說理

某一日上課，阿德在上課時坐立不定，提醒多次之後仍然故我。我耐住性子過去輕聲提醒，他勉強回應了一下，我剛離開他又故態復萌。

這時，他莫名其妙朝一旁女同學嘉嘉丟紙團，嘉嘉近日已深受其擾，我脾氣上來，說：「阿德，怎麼了？同學又沒有弄你？你這樣讓老師很生氣。」

他愛理不理，嘴巴開始碎念髒話，我的怒火被火上加油。「老師在上課！你影響到我了，可以請你小聲一點嗎，如果真的忍不住，請你去陽台冷靜一下。」

阿德不理我，繼續碎念，同學看不下去也出聲勸導，阿德的情緒更加爆發。身體亂撞暴怒，活像隻怪獸，我抱住他，輕聲安撫他，不希望他受傷，也不希望他破壞物品或傷害到同學。最後，阿德緩下情緒，終於可以坐下來了。然而，靠的還是我的大力氣。這種情況曾發生幾次，有一、兩次，阿德暴怒得嚴重，還要其他班男老師一起來協助穩定、安撫他。

我心想，如果這件事發生在女老師的班上，老師的壓力會更大吧！身為導師，平日師生相處時間長，身心常因孩子的狀況而緊繃。班級裡事務繁雜，當孩子又有狀況，身為導師的偶爾情緒也會受影響，這很正常，但老師面對這種狀況如何自處？因此，我必須時常調整步調，整理自己的內心，才能在孩子有情緒時，陪伴他們坦然面對。

因此，如果事情沒有立即的危險性，通常我會先讓自己喘口氣，慢慢地深呼吸，讓自己冷靜一下，如果情況允許就離開現場，覺察一下自己當下的情緒與狀態，然後再思考下一個處理步驟。

若是情況發生在上課中，我也會告訴孩子們我的感受，以及造成的影響。通常我會這麼開頭：

「剛剛發生了＿＿＿＿，我想大家都看到了。當我看到這件事發生時（陳述觀察），我感覺到十分煩躁（說出感受），因為這讓我沒辦法好好跟大家上課，我也擔心同學因此而受傷（描述影響）。

有類似感覺的舉手？我很看重上課的秩序，更在乎同學的安全，因此請大家先＿＿＿＿＿（提出具體的要求），這會讓老師可以＿＿＿＿，謝謝大家的協助（感謝合作）。」

經驗告訴我：處理「問題本身」通常不是當下最重要的事，「如何面對問題」才是真正的關鍵。至於問題與學生事件的處理，則是下一個步驟，也要找適合的時機。

下課後，我請阿德過來，他怒氣稍歇，我問他：「剛剛怎麼了？」但他低著頭不語。

「阿德，你是老師最好的幫手，常常幫忙修好東西；也是老師最在意的寶貝，老師很希望看到你好的表現。」（我握住他的手，他安靜低頭。）

「嘉嘉也是班上的同學，老師不能只照顧你而不照顧她，老師看到你多次丟她，也很難過。怎麼了？是姊姊在家裡對你不好嗎？」

「姊姊都一直罵我……」阿德流著淚說著。

「姊姊罵你，你一定很難過，心中一定很不舒服吧？」他點點頭。

「老師知道你在家裡有時候很辛苦，受了一些委屈；姊姊常常罵你，你一定很在意。其實，你有很棒的部分喔！」

阿德搖頭說：「我很爛。」

「老師覺得你沒有很爛，反而你有很棒的部分。如果跟同學比，你功課還可以更進步，這需要時間。但你常常幫忙做事，有很強的修理能力，班上好多東西你都幫忙修好了；你掃廁所時，很有耐心，把地板拖得乾乾淨淨，這些是別人做不來的。即使功課現在不好，但是只要你願意學，老師願意教你，一定會慢慢進步的。老師還記得你上國語時常常發表，每一次都越講越好，這可不容易呢！」

阿德情緒逐漸穩定，靜靜聽著。

「你是老師最好的幫手，也是老師最在意的寶貝，老師很希望看到你進步的表現。」我摟著他。

「老師想請你幫忙，嘉嘉也是班上的同學，老師也要照顧她，不希望班上任何一個人受傷或難過。嘉嘉是女生，但她跟你的姊姊沒關係，我們要溫柔的跟她相處，老師不希望你把她當出氣筒，如果你之前做了不禮貌的事，老師希望你想一想，找機會跟她道歉，並改過不要再做，好嗎？」

阿德點點頭，安靜的離開。

這個對談的歷程，我試著以鼓勵的方式代替責罰，並以同理替代說理，讓孩子感受到被理解，同時激發孩子內在的動力。

在阿德漸漸信賴我，相信我在乎他，不會嫌棄他功課不夠好或氣他作業不能準時交，師生互動關係增溫後，我期待他的面貌能夠一點一點改變，而他也在碰撞中，逐漸懂得表達自己的情緒。

此外，我持續與家長保持聯繫，讓他們了解阿德在校的表現，除了同理媽媽照顧孩子的辛苦，也在對談中，引導他們去理解孩子在想甚麼。我發現，當父母察覺到問題根源，了解孩子的偏差行為來自於內在與外在的壓力，而這股壓力大部分來自於家庭，就會思索可以做些甚麼來調整。

慢慢的，阿德在小日記中快樂的回憶變多了，常會記錄與家人一起出去玩的事，母親也告訴我：「爸爸現在假日常會帶阿德和家人出去走走，平時也會要阿德一起去河濱運動、騎腳踏車，對阿德有時候表現不好、或字寫得太醜還是會責罵，但很少打他了。」

母親的信任與回饋，讓我鬆了口氣。

我鼓勵阿德母親：

「你們平時工作那麼忙，下了班還願意付出那麼多時間陪孩子，實在不容易呀！在學校，我看到他變得開朗多了，在小日記中快樂的回憶也變多了，常會記錄與家人一起出去玩的事，我想一定是因為你們的付出，才有這樣的轉變呢！」

一年多與我的磨合、學習及互動下來，由於彼此的熟悉信任，以及家長的配合調整，加上輔導室個別輔導與團體輔導的協助，到了六年級時，阿德的情緒及學習狀況逐漸穩定，比起初遇時守本分許多，也減少說髒話的頻率。

但阿德還是有內在的困擾，身為導師，並沒有從此過著高枕無憂的日子，因為了解得越深，我越明白阿德的問題來自於家庭與先前的挫折經驗，他還需要花時間，建立起他對人的信任，更重要的，是要拉拔出他失落已久的自信心，然後才有可能看到他對人生不同的態度。

在阿德畢業當天，我一早發下印著「畢業生」的胸花的牌子給班上學生，讓他們互相幫彼此別上，當全班整隊準備進典禮會場時，阿德突然鬧情緒，我問他怎麼了，他不聽使喚氣呼呼離開了隊伍。

我先將班級帶進了會場就位，請一位學生去校園尋找阿德。只是，阿德並沒有馬上就被找回來，找尋的孩子告訴我教室門口有畢業生胸牌的碎紙片。

「都已經最後一天，就要離別了，他怎麼了？」我心中思量。

即使擔心，但他早晚會出現的。果然，在典禮開始後不久，他就坐回了自己的位子，臉上怒氣稍歇，但眼眶紅紅的。

我猜想，應該是他曾一度參加了特教資源班的課程，因此畢業時被安排領了一個鼓勵性質的勵志獎吧！前一天上台領獎預演前他原本還高高興興，但後來發現同一批上台的都是特教班的同學，他可能怕班上同學看笑話，心裡不是滋味吧。

這麼重要的日子，要離別，要上台，要上國中了……對他來說是一個大關卡。不過，該是放手的時候了，我只能給予他最大的祝福。

「鼓勵」讓孩子更有勇氣

孩子的進步，正激勵著身為教師的自己拾起勇氣，在歷程中不斷調整、向前。

而帶阿德的那兩年，每天面對班上幾顆不定時炸彈，身心俱疲。還好，隨著參加成長團體、與兼輔老師的督導進修，我不斷從理論實證中看見自己，也逐漸看見孩子，除了看見孩子的不足、孩子的需要，也努力看見他們的好，並且更重要的，是引導孩子也能看見「自己的好」，更加珍愛自己、照顧自己。

我深切體悟，家庭影響一個孩子至深，即使我們用盡心力尋求家長合作，但我們沒辦法改變家庭教育與環境造就的現實；我們需要做的，就是在學校時，好好對待、陪伴與教導，而「同理」與「鼓勵」，常常能在孩子怯弱無助時給予力量，給予再踏出一步的勇氣。

在教學現場，命令與催促曾是我自己無意識中常與孩子互動的方式，「快點，來不及了！」「快點去訂正！」「刷牙了沒！」「收起來！」「請安靜！」。

我發現一味地用力催促，到頭來，不僅老師自己疲累，學生改進效果也不顯著，同時師生關係更變得緊繃。

我期許自己經營一個有笑、有愛、互助和諧的幸福班級。畢竟每個孩子都希望當好孩子，當他做不成好孩子時，就只能變成壞孩子，用不適當的行為讓我們注意到他的存在，他們其實都是氣餒的孩子，譬如——阿德。

我慢慢去觀察孩子的日常表現，發現孩子的正向特質與優勢，由此增強鼓勵，我希望我的鼓勵能點出值得他努力付出之處，而不只是統統有獎的：「你好棒！」

對於阿德，我常常抓住機會跟他這樣說：「班上好多東西你都幫忙修好，這一次，居然連壞掉的拖把架都把它復原了，你不僅很會修理東西，也幫了班上大忙喔！真謝謝你！」；

或是鼓勵他：「老師看到你掃廁所時，很有耐心，不但把地板拖得乾乾淨淨，還幫忙把掃具一一擺放整齊，讓廁所煥然一新，大家來使用時一定覺得舒服多了，很棒喔！」

另一方面，我也希望我的話語能夠帶給孩子勇氣，勇於挑戰自己，而不只是滿足現狀，藉由肯定「過程」中的努力，持續施予「鼓勵」的力量，而不是因為有「好表現」或是「好結果」才給予「讚美」。

如同生活習慣隨性的阿樂，也會有自己的特質與能力。

有一次，上國語課時出現一個成語，全班沒有人聽過，只有阿樂舉手發表。下了課，我找了他過來：「剛剛上課，老師看到你很投入，不但踴躍發言，而且連同學們不懂的成語，你都能侃侃而談，為大家講解得很清楚，可見你平時累積了許多知識，讓大家都有收穫。老師很欣賞這種認真的態度哦！」

阿樂聽完，靦腆地笑笑，開開心心的跑開了。

在課堂上我適時的口頭鼓勵，而在當天聯絡簿上，我也會再次肯定他對課業的投入、上課發表時的創意，讓他及家長都清楚他自己的「好」，提升他的「能力感」。

另外，針對他座位雜亂、學用品常疏漏的問題，則是需要找私下適合的時機，讓他知道老師的期待以及對旁人的影響，鼓勵他從小地方做起，並在與母親的協同合作之下，提供一些策略協助，比如：上學前再次檢查學用品、用便利貼提醒自己、檢核表、安排小天使協助……等，讓他選擇可以做的，激發他自我承諾並付出行動。

之後，只要看到一點點進步，就口頭鼓勵以提升他持續的動力，如果努力之後還是做不到，就縮小目標，再次激勵。雖然過程較慢，但他逐漸以自己的速度進步，當發覺自己也做得到，成就感便因而提升。這促進了對自我的認同，也帶給他人際互動上的勇氣，在與人相處時，不會因為意見不同，就馬上感覺挫折、生氣，這帶來一種善的循環。

運用鼓勵，經營班級精心時刻

在班級裡，除了口頭的鼓勵，我開始以身作則運用鼓勵策略，結合每天的聯絡簿，觀察每個人的表現，運用鼓勵語言「以文字」回饋孩子們。

當孩子有特殊表現或進步時，除了在聯絡簿上，我會以小卡片或名片紙鼓勵孩子的表現，我稱之為「愛語小卡」。

每個人都需要被看見，也渴望被看見，善用鼓勵也讓孩子注意到自己的特質，而孩子通常也會很期待收到老師的書面鼓勵。這可以從每天要求自己，至少以文字鼓勵一位孩子開始。

我從阿德勒的成長團體學習中，發現「鼓勵」有五種句型可以運用。以下以阿德及阿樂的實況為例：

1. 肯定特質與能力：

你是個（正向特質形容詞）的孩子＋具體行為描述。

● 例句：阿德，你是個有耐心的孩子，花了整個晨間活動時間，自己一個人把廁所地板拖得乾乾淨淨。

2. 指出貢獻與感謝：

具體行為描述＋再說明此行為的貢獻。

● 例句：阿德，你自己一個人把廁所地板拖得乾乾淨淨，讓進去使用的人都覺得好舒服，真謝謝你！

3. 看重努力與進步：

描述表現的現況＋具體觀察到的努力與進步。

● 例句：阿樂，你今天的抽屜好整齊，我看到你犧牲了一整個下課時間整理，把書本物品都重新擺放整齊了。改變習慣不容易，但我看見你願意改變，並且整理得很好。

4. 表示信心：

觀察孩子的基本能力、事件的難度＋陳述對孩子有信心完成的客觀證據。

●例句1：阿樂，你今天的抽屜物品擺放得很整齊，要改變隨意擺放的習慣不容易，但我看見你願意改變，我相信你會越做越好。

●例句2：你已經複習完大部分的進度，所有習作的錯誤也都仔細訂正了，我相信你這一次考試一定會進步，老師對你有信心。

5. 傳達接納與認可：

以肯定口吻，描述孩子具體的行為、表情與態度等等。

●例句1：阿樂，同學撞到你，我看到你很生氣，但是你選擇了好好跟對方說，不是先打回去或罵回去，你會用跟以往不一樣的方式處理。

●例句2：阿德，你看到同學們搬餐桶搬不動，不用別人要求，就主動過去幫忙，一下子就把餐桶搬到定位了。

鼓勵的五種句型，可以單個句型個別使用，或針對孩子的個別狀況運用多種句型靈活組合。

更進一步的運用，可以參考張英熙教授所著《看見孩子的亮點》（二〇一三年張老師出版）。

此外，對於大班級，我在課堂中運用「一分鐘鼓勵」，每節上課時聚焦團體已經有的好表現，以鼓勵開頭；下課前，總結一節課表現之後以鼓勵話語結束，藉此引導團體一起合作，往正向發展。

同時在「綜合活動課」中設計課程，讓孩子練習寫愛語鼓勵小卡，從探索自己的特質開始，並發現別人的特質，把發現的特質寫進鼓勵小卡裡，讓孩子們練習互相鼓勵，進而舉辦「每週之星」鼓勵活動，增進孩子表達關愛的能力。

「每週之星」的實施方式：

- 每週選三位班上學生，例如：◆小天◆小杰◆阿倫
- 方式：前一週週五或本週週一預告三位本週之星。
- 請全班每天觀察這三位同學的表現，運用自己的聯絡簿日記欄，書寫鼓勵的話給其中至少一位同學。
- 當週結束前安排一段「精心時刻」，讓孩子們當面給當週主角鼓勵。可以結合綜合活動課，或者晨間或午間時段。

每週之星實施一陣子後，孩子們都有被鼓勵與鼓勵人的機會，也逐漸熟悉如何鼓勵別人，班級氣氛也變得更為融洽。由於班上也舉辦每月慶生會，後來每週之星就結合慶生，演變成「亮點慶生會」。

在慶生會前，製作專屬的生日大卡，暫時固定在黑板上，請全班孩子先把鼓勵的話語寫在便利貼上。先邀請壽星上台後，再讓同學們一一上台念出鼓勵的話語給予祝福，念完便貼在大卡上，集合成創意大祝福卡送給壽星。最後，再請同學上台跟壽星合照。

種種活動設計，可以結合班級原有的學習活動，或是老師專長的帶領方式，包含亮點慶生會、主題下午茶、獎勵活動、點心創作或校外教學，並邀請家長一起營造親師共同的精心時刻，都在讓孩子藉由活動提升「歸屬感」、「重要感」與「能力感」。

這過程中，當然也遇到一些困難。一開始孩子寫鼓勵卡時，常常憑印象來寫，三兩句就寫不出來，鼓勵的內容也不夠具體，因此在課堂上、下課時、遊樂場等各種場合，我得不斷「製造」機會，提醒孩子們去觀察同學的表現，尤其是正向的行為，並指導運用五種句型書寫。

有一回，有孩子惡作劇，故意寫了批評的語句在壽星的祝福卡上，我看了書寫的孩子一眼，先把卡片收著，並再次提醒全班孩子，只寫「好表現」，因為鼓勵卡或祝福卡是給人肯定、給人祝福的；我也跟孩子們說，如果你剛好跟被鼓勵的「對象」處得不好，或對某個人有意見，與其在鼓勵卡上批評，不如另外找機會當面說，或是告訴老師，讓老師也有機會提醒那個人。

隔了幾天，我也在綜合活動課讓孩子去思考：

「寫哪些話語，會讓人看了不舒服或生氣？」

「看到那些話的人，會有甚麼反應？」

「寫這些話的人，別人會怎麼看待他？」

再請他們想一想：「有人寫批評或不雅的語句，對全班會有甚麼影響？」

團體討論之後，孩子們經過思索，往後負面的言語就會越來越少了。

每個人都需要被看見，每個人也都需要被鼓勵。

我還記得，一開始覺得自己不夠好的阿德，收到滿滿的鼓勵時，臉上那靦腆又難以置信的表情；我也記得，當孩子們一個個獻上祝福時，多愁善感的阿樂，所露出的燦爛笑靨。在實踐之中，自己持續觀察孩子的回饋與反應，從做中學、學中修，不斷精進、調整策略與態度，而孩子一點一滴的成長與回饋，也激發了自己繼續前進的勇氣！

愛的循環：神秘的禮物

一整年下來，為所有孩子都舉辦了一次亮點慶生會，每一次，成為主角的孩子都滿心期待。而我，在孩子畢業之前，也接到了一份自己專屬的禮物。

離畢業倒數第八天，孩子偷偷聯繫了隔壁班老師，請同事暫時把我支開了教室，當我回到教室，裡面空無一人……我正訝異著，轉頭一看，只見黑板上畫滿祝福彩繪，桌上擺著點好蠟燭的生日蛋糕，我還沒有意會過來，躲在旁邊廁所中孩子們蜂擁而進，開心興奮的簇擁我上座。

一時之間，我感到吃驚也有些不好意思，因為我的生日還沒到，但即將畢業的孩子等不到，居然提早為我祝福了。

一想到孩子這樣貼心的神秘舉動，我欣然接受，暫時放下老師的矜持，坐上椅子，成為班上被鼓勵的「主角」。接著，兩個女生舉著巨型祝福卡，站在我身旁，全班開始唱起生日快樂歌。這一刻，真令人感動！

感動的，是孩子的貼心！

感動的，是孩子接受關愛後，願意主動回饋的心意！

感動的，是全班孩子藉由鼓勵的過程，逐漸繫在一起的美好連結！

這樣的祝福與回應，哪是我當初剛開始帶班時料想得到的呀！

我已經接收到孩子用具體的「行動」，表達對我的感謝與「鼓勵」，全班孩子擠在我身旁唱歌、拍照，共同營造了一段「精心時刻」，這真是畢業前的難忘回憶，也是一段愛的循環！

調整，再出發

從當初帶高年級班級時，我從身處氣餒與壓力的絕境，踏入「阿德」與「阿樂」鼓勵之學的旅程，進入教學場域試煉；練習用孩子的眼睛觀

看，用孩子的耳朵傾聽，用孩子的心體驗世界，因為逐漸理解而且有策略，包容力因而提升；同時，為了讓孩子更能負責任，我也領悟到班級經營時，需要為孩子建立明確的「界線」，讓孩子清楚該做甚麼、不該做甚麼，明白甚麼事可以、甚麼事不可以，幫助孩子掌管自己的生活在界線的安全範圍內，我發現引導與鼓勵的效果更能發揮。（附註）

回首那些不完美的歷程，逐漸有勇氣面對不完美的自己，這提醒我：身為一位老師，不能只是想教書，還要不斷去實踐、去嘗試、理解更多的經驗，並以身作則，從做中學、學中修，透過互動的歷程幫助自己、看見自己、調整自己，並反思身為教師所能帶來的改變。

尤其，對於曾經氣餒的孩子，鼓勵他們，讓他們重新鼓起勇氣、願意改變，就是我們工作上最大的價值。

附註：運用鼓勵之前，孩子也需要明確的界線，這界線在班級裡通常是班規或公約；有了這明確的界線，孩子在團體中進退有據，會更有安全感。「界線」的概念我從《為孩子立界線》（台福傳播中心，2002）一書中領悟許多。

陳書悉

台東師院語教系、英國 Exeter 大學戲劇與創意藝術教育研究所畢業。喜歡旅行、閱讀、玩戲劇。在教學中經歷挫折，也不斷修正調整，挑戰自己，嘗試更有效、有趣的教學。

【故事5】以父母般的愛，擦亮每顆小星星

——陳俞芳

五月，陽光燦爛的午後，在孩子們下課嬉戲的教室裡，好幾個孩子圍繞著小馬，好奇地看著他手上的三束康乃馨。

「你去哪裡買的？」

「合作社啊！」

「你有三個媽媽喔？不然幹嘛買三束？」

「不是啦！不關你的事啦！」

不一會兒，小馬跑到我的座位旁。

「老師，我剛剛下課時去學校合作社買了三束康乃馨，一束要給阿嬤，一束要給媽媽，這一束要送給妳！」小馬擠在學生中，靦腆卻又掩不住興奮地將花遞給我。

「謝謝你，小馬！老師好喜歡這束康乃馨的顏色，你真是個貼心的好男孩！收到你

這束美麗的花，讓老師好開心！」

「老師看到你買了三束不同的康乃馨，除了有想到母親節到了要送給辛苦的媽媽，也想到一直在照顧你的阿嬤，更想到在學校教導你的老師，你真是個懂事的孩子！」

我擔任導師已有多年的經驗，每年的母親節，我總會收到好多束康乃馨，有小孩送的、有老公送的、有同事送的。我一向特別珍惜學生送我的花，而今年最特別、也最感動我的，就是小馬送我的這一束。

一個愛搞破壞的「壞」孩子

遇到小馬時，才剛帶完一個會讓我在清晨四點驚醒，並且開始煩惱的中年級班級。

我帶著祝福的心，期望帶過的這班孩子在升上高年級之後能夠一切順利，然而心中的氣餒，卻不時跑出來糾纏著我。我渴望擁有更好的能力來引導孩子，於是決定加入「心靈導師成長團體」。這是我第一次接觸阿德勒心理學，期待自己透過兩年的再學習，能成為更有方法與力量的老師。

小馬就是我在參加兩年MOXA心靈導師課程期間班上的孩子，一個調皮到令許多老師頭痛的小男生。我利用學習表達關愛的具體方法與小馬建立信任關係，運用鼓勵、我訊息、團體討論協助他改進偏差行為，並從家庭的手足關係了解他的性格，探索他的個人邏輯，希望幫助小馬勇敢面對生活上的挫折與挑戰。

「你們班那個小馬，真是氣死我了！剛剛上自然課要觀察哪些東西會在水中溶解，小馬沒有按照老師的說明就把食鹽、胡椒粉、辣椒粉、砂糖、味精所有東西統統倒進燒杯裡攪拌，攪拌完還開玩笑說要同學喝下去。幸好被我阻止了，桌子也弄得亂七八糟，我請他拿抹布擦乾淨，他還把燒杯打破。現在我請他在自然教室裡好好反省！」

看著小馬把自然老師惹得這麼生氣，身為導師的我實在感到非常不好意思。

小馬是班上最矮小的男生，卻是年紀最大的孩子，所以座號排一號。這個孩子十分調皮愛玩，兩顆眼珠總是咕嚕咕嚕地轉，表情酷酷的，不常笑。只有他在「整」別人的時候，才會看到他的笑容。

「是他自己要趴在地板上的，我只好把他當成地板踩過去。」

「我又沒怎樣，幹嘛罵我?!」

「不關我的事，我又沒錯！」

「誰叫他要這樣，他才會受傷！」

情節總是這樣，當別的小孩來告狀，老師都還沒開口，小馬就先氣呼呼地自己一個人坐在位子上，翻著白眼，準備引動情緒的暴風雪。

家庭的無助

小馬不愛讀書，常常功課寫到一半，就跑出去玩。父母的工作都很忙碌，時常加班，因此平時將小馬託付給阿公照顧，晚上才由爸媽將他接回家。

小馬的哥哥成績很好，是個優秀的孩子。剛接到三年級的小馬時，只發現他上課不專心，寫字亂七八糟，學習成績不好，功課也時常缺交。直到有一次，接到學務處通知，得知小馬在星期三下午沒課時，和朋友在公園玩水煙炮，差點把公園給燒了。我這才了解，這個孩子愛交朋友，會到處亂跑，年邁的阿公似乎管不住他。

「是小馬的媽媽嗎？想跟您談一下小馬，方便嗎？」我開始跟媽媽聯絡。

媽媽說，她對這個孩子也感到很頭痛。低年級時，老師就常常在他的聯絡簿中一狀告上家長，她對小馬很生氣：「我跟他講過很多次，講到口水都乾了，但他還是一副無所謂的樣子。他哥哥就不會這樣，為甚麼我對他們兄弟的管教是一樣的，兩個孩子的表現卻是這麼截然不同，我真不知該怎麼辦！」

每次和媽媽聯絡，媽媽總是表示她的無奈。

跟媽媽聯繫，常常只能聽到她對孩子的抱怨，對孩子的幫助不大。於是，我轉而求助經常出差大陸的爸爸。我試著聯繫爸爸，發現爸爸雖然很忙碌，卻很願意跟老師溝通。

家長日那天，爸爸出現了，只見爸爸拿著專業的攝影機，不斷地拍攝著孩子的作品。我心想：「這個爸爸感覺上很用心，應該是個關心孩子的爸爸。」便與爸爸討論關於孩子的問題。

爸爸說，孩子的媽媽工作是三班制，有時要上大夜班，身心都很疲倦，管教孩子時常常很無助，無法和孩子說清楚，導致孩子的情緒變得很糟，更不願意改進了。的確，在學校，老師提醒小馬的事，他時常會以情緒來解決，例如：謾罵、生氣甩東西、哭泣、撕東西等，較無法以正向的態度去處理事情。

先解決可以解決的問題

我認為，小馬這個孩子雖然外表堅強，但是內心十分脆弱。只要不順他的意，他就會感到沮喪，而出現更多的負面行為。但如果總是放任他，他又會做出許多令人頭痛的事情。例如：打人、破壞公物、罵髒話、亂交朋友。於是我決定，先解決他在外頭遊蕩的現象，以免交到不良朋友，並以主動積極的方式跟父母商討如何徹底解決問題。

爸爸長期要去大陸出差，媽媽也常常要值大夜班，所以他們決定找個安親班安頓孩子，一來是約束孩子，讓他不要到處跑，二來是解決落後的課業。找安親班是件容易的事，但孩子願不願意待在安親班卻是關鍵。

「小馬，老師對你會缺交作業以及放學後會到處遊蕩十分擔心，我知道你覺得功課很難、不太會寫，所以一想到功課就感到很煩，而且你希望放學後能去找朋友玩耍，但是，如果不去面對問題，你就永遠無法準時交作業，也還是會到處亂跑讓家人擔心，所以我和你的爸媽商量後，認為送你去安親班或許是個好方法，去了安親班，你就可以跟得上進度，而且有老師可以幫忙教你寫作業、在那裡又有其他小朋友可以作伴，這樣你就可以和同學一樣成為每天都準時交功課的好孩子，這樣好嗎？」我趁放學同學們都離開後，私下找小馬過來談。

在爸爸好言相勸，老師不斷說服鼓吹之下，小馬終於答應願意在放學後去安親班。

「小馬，老師很高興你今天願意去安親班，我希望你去安親班有兩件事情能夠進步。第一件事情是，寫字要寫整齊；第二件事情是，能夠確實完成功課。」我將手輕輕地放在小馬的肩膀上，也讓小馬的眼神確實的注視著我。

小馬聽了我的話，只小聲答覆：「喔」，就跟著安親班老師走了。

第一天，在安親班老師的協助下，小馬順利完成了當天的作業。

接下來好幾天，小馬一到校，就迫不急待拿出完成的功課，很開心的將功課交給收作業組長後，立刻衝出去和同學去做打掃工作。

下課時，也看不到小馬一個人愁眉苦臉的在教室裡咬著筆桿補寫作業，直到學期末，小馬都能和同學一樣按時繳交作業了。

有一天，我翻開小馬的功課批閱時，眼睛為之一亮，很開心地找來小馬。「小馬，老師看到你的字變整齊了，老師好高興。你現在功課都不用老師擔心，表示你很努力，真的是一件很棒的事情，我相信你透過自己的努力，會慢慢感覺到自己真的很不錯，希望你持續努力下去，謝謝你願意達到老師的期望。」

三年級下學期開始的某一天，這個孩子一早愉快的進教室，但是在抄聯絡簿的時間時，一直在畫畫，似乎在畫一個超人，卻忘了要趕緊抄黑板上的交代事項。我發現了後立即請他把畫收起來，他不再像上學期那樣一被糾正就發脾氣，反而很配合地將畫收好，一點也沒有生氣。而當天所有的課程，他也都展現積極與主動，完全投入學習中，讓我的心微微震動，心想這個孩子今天怎麼表現得這麼好？作業表現變好了，連脾氣也變好了！

晚上與小馬爸爸聯絡時，告訴他這個好表現，問他這幾天是否跟孩子說了甚麼。爸爸說，他昨天看了聯絡簿，感覺孩子進步很多，於是今早在小馬上學前，用口頭鼓勵了小馬最近的好表現。

「剛剛我還收到小馬畫的一張超人畫，謝謝老師！」小馬爸爸很開心的和我分享。

我真是心花怒放，原來鼓勵的種子已經發芽，並且在溫暖的家庭滋養成長了。小馬在學校與家庭中都受到鼓勵，表現得越來越好了！

他不是壞，只是有些事情還沒學好

學校一年一度的運動會到來，體育老師推選要參加體育競賽的選手。四年級的小馬被體育老師推選出來參加壘球擲遠比賽。

在競賽場上的小馬，個子矮小的他面對其他高壯的孩子，顯得不那麼有機會取得獎項。只見小馬奮力投出球，這個球遠遠落在遙遠的一方，居然得到全年級壘球擲遠第七名，小馬更開心的說：「前面六名都是平常有在練的棒球隊選手，只有我不是喔！」

這個孩子，也許在課業表現上無法像其他孩子成績優秀，但他活動力強，喜愛運動，平時也熱心服務，喜歡幫忙做事，是老師得力的小助手。他曾經告訴我：「老師，我最喜歡您在週記上寫的鼓勵的話了，寫得比我自己寫的還多！」

原來一個英勇的男孩子，也有這份柔情似水的心。我只是用欣賞的心情，寫下鼓勵的話，卻讓一個孩子感受到愛與肯定。

我喜歡讓孩子寫週記，如果能圖文並茂更好。剛開始，孩子覺得週記內容不知道要寫甚麼，我會建議孩子從哪裡開始第一步。批改時，無論內容的多寡或優劣，都會以感謝的心情跟孩子分享我內心的想法，並且鼓勵他們最近的表現。

孩子因此越來越喜歡跟我溝通，還常常在週記上畫畫送給我，每每令我感動不已。

小馬的語文程度不是太好，卻也願意試著寫一些事情跟我分享，讓我能越來越了解他。這一年母親節，伴隨著這束美麗的康乃馨，告訴了我——永遠不要放棄孩子！他不是壞，只是有些事情還沒學好；他不是懶，只是需要有人拉他一把；他不是笨，只是要給他時間成長。

後記

小馬升上五年級後，我轉去教務處協助行政。

「陳老師，小馬今天不能去幫妳的忙，他還有很多作業要訂正！」小馬的高年級導師來電。

接了學校的行政工作，需要學生來協助，於是我找了熱心服務的小馬來當行政小幫手。

「老師好，我來幫忙了！」才放下電話沒多久，小馬竟氣喘吁吁的出現。

「可是你的導師說你的作業還沒有訂正好……」

「我剛剛很快就訂正好了，因為我想來幫您的忙。」小馬滿臉靦腆的說。

「謝謝小馬，老師今天有好多東西需要整理，有你的幫忙真好。」我開心的說。

隨著「心靈導師成長團體」課程兩年的結束，小馬也升上五年級。在這段學習的過程裡，感謝這個團體帶給我的改變，這個改變就是——接受孩子的一切，去努力可改變的部分。

小馬從小一直受阿公阿嬤的照顧，工作忙碌的父母沒有機會教導他。哥哥十分優秀，很多事情都不需要小馬去做，於是養成小馬不用負責任的個性，所以即使他很熱心，卻常因為無法受人信任，而失去表現的機會。

小馬個性毛躁，講話很衝，做事情很容易半途而廢，成績總是落後，對於任何事也只會抱怨。

我一直努力想幫助小馬的就是讓他的亮點發揮出來。他的個性好動，我看出熱心服務是他的優點，於是便安排一些小任務要求他完成。雖然，這些任務對於一般乖巧的孩子是很容易達成的，但對於小馬來說，他可能會一邊做事一邊玩，事情完成度不高。鑑於此，我訓練他從達成小目標開始，例如發放資料時，應該確實點數資料，正確地放到老師的座位上。要讓孩子學習負責任，就是要確實檢核孩子事情的完成度，並且在做得很好的部分給予鼓勵。受到鼓勵的小馬，也慢慢地掌握做事的要領。

雖然，後來小馬高年級的導師對於他種種違反規定的行為仍有許多抱怨，但是卻也願意讓需要不斷訂正作業的小馬，稍微喘氣，來行政處室幫忙。我就是利用這一小段時光，陪伴小馬練習，他的反應不錯，很快就成為值得信賴的小幫手，而小馬也在不斷練習的過程中，得到了自信。

每個孩子都有不同的特質，我們可以做的是看見孩子的亮點，讓每個孩子都能成為最閃爍的星星。

我的目標不在於要他成為多麼優秀的孩子，而是希望他能看到自己的優點，發現他自己的好，對自己有自信，日後能以正向態度面對人生中的挫折，而不要成為總是為自己找藉口，最後只好成為放棄自己的人。

有人說，老師是孩子遲來的第二父母，我願意成為孩子在學校的爸爸媽媽，和孩子分享心事，發現他們的優點，鼓勵他們做得很好的事，讓每顆小星星發光發亮。

陳俞芳

輔仁大學教育領導與發展研究所碩士，現任新北市光華國小教師兼輔導組長。兩個孩子的媽，愛小孩，哭點低，感動時會淚流滿面。喜歡回憶在國小時和好朋友玩耍，受老師肯定，被同學投票推選，參加社團活動的美好時光。

故事6 陪你走過低谷，為你添加勇氣

——吳淑妤

三年級下學期開學的前一天，我在學校備課，媽媽帶著小力來到了傳說中的山林小學。媽媽和善的跟我打招呼，在我們聊天的過程中，她充滿著許多期待。

小力站在一旁，個子高高的眼睛大大的。每當他和我對到眼時，眼神立刻飄移開。我不免想讀一讀他的表情。

他的表情讀起來是：「這是媽媽要我來的，我怎麼知道這裡會比較好過？」根據媽媽所說，小力在以前的學校已經放棄了學習——每天上學遲到，上課時趴在桌上，遇到考試時不寫考卷直接睡覺，回家也不寫作業。媽媽形容小力好似已經失去了生命的動力，這讓她感到擔心和害怕。因此，媽媽將小力轉到新學校，非常盼望這能讓小力重新出發，是個讓他找到學習動能和生命力的機會。

我再進一步了解到，小力一年級時被醫師診斷為自閉症，另有不專注伴隨過動缺失，

這些困難讓他在學習的歷程和適應上面臨許多挑戰。

聽著小力媽媽的一番描述，看著她濕潤的眼眶，我能深刻的感受到她愛孩子又十分不捨的心。

面對一個本應該充滿活潑朝氣的年紀，卻已經放棄學習的小力，我的心裡感到十分惋惜和心疼，此時，我默默的給了自己一個期許，希望自己嘗試各種方法，努力協助小力和他的父母，於是我告訴小力媽媽，我們可以一起努力把小力帶起來！

第一類接觸

開學後，我仔細觀察小力的學習態度以及他與同學互動的狀況，並且根據學者魏茲和查伯洛的「教室生存技能」為他做了一個評估。小力當時只能達成「我會道謝和我會問問題」兩項。

我發現他會聽從老師部分的指令，上課鐘響時能遵照約定進教室，排隊時能和同學一起整隊聽從班長的口令。當我為他做了甚麼時，他也會禮貌的說謝謝老師。從他輕輕的道謝聲中，我能感受到他的本質是善良的，也有那麼一點點想要和我建立連結的意願。

發現我有機會和小力建立關係，這讓我感到開心不已，於是只要有機會，我便常常溫和的碎念一些生活上的問候，一小段時間後，小力終於能開始簡短的回應我。

來到新的學校，對環境感到陌生的小力，會主動問我圖書館在哪裡，下課時，他常常獨自到圖書館翻閱書本，我發現他非常喜愛閱讀。當他沉浸在閱讀時，神情倒是十分專注和放鬆。

然而除此之外，他上學的心情是非常低落的。學校在半山腰，早上到校的公車一小時才一班。小力常常起不了床，當他好不容易趕到轉乘站時，公車往往已經開走了，他常常需要打電話請爸爸從家裡到轉乘站接他，再將他送到學校，因此上學經常遲到。

放學後小力也提不起興致寫作業，每當媽媽要求他寫作業，他就呼呼大睡，所以第二天沒有完整的交過功課。

我常在下課時要求他補寫前一日的功課，我這麼想，我可以藉機指導他書寫，並運用他對「下課出去玩」的渴望，激勵他回家後願意完成作業，這樣第二天就可以開心的享受下課時間。但是，試行了一小段時間仍然每下越況。

對於小力下課無法出去玩或去圖書館看書，我其實是於心不忍的，因此心中不停的在尋找其他策略。

小力平時行動的速度比較慢，願意回應同學或老師的事也不多。他對國語課較有興趣，不過，仍無法專注聽講和參與討論，常常拿出小筆記本或在課本上畫圖，偶爾才會回應大家的課堂討論。

數學課與社會課，則是開始上課約幾分鐘後就趴在桌上畫圖，舒服的姿勢讓他不一會兒就睡著了。每當我發現後走過去提醒小力現在正在上課，他會抬起頭來微微張開眼睛，但是，換個姿勢就又睡著了。

平時，抄聯絡簿或者寫課堂練習時，小力很容易因為書寫上的小事而有挫折感，這也很快地就引發了他的情緒，他通常會咬著牙發出憤怒的聲音，並且把鉛筆丟出去，每每嚇到其他的同學。另外，也會為了跟同學的互動產生摩擦而生氣，他會握緊拳頭瞪大眼睛，大聲告訴同學：「你們都在惹我生氣！」然後丟書本或摔椅子。

小力過去的學習帶給他較多的挫折經驗，他經常面對許多要求但卻很少獲得鼓勵，小力逐漸失去了學習興趣和動力，繼而拒絕學習。

小力有自閉症的特質，學習的挫折讓他更將自己封閉在小小的世界裡，拒絕和外界連結。由於小力轉學來時已經是三年級下學期了，一般在這樣的年紀，孩子們已經逐步建立學習和生活的習慣，接下來就是要藉由學習來提升各方面的能力。然而，小力此時的學習力已經落後了，我非常期待他能打開心門，接收外界的訊息，讓老師和父母可以協助他。

此外，班上上課的過程中有許多時候會進行小組合作學習，小力也需要和同學建立人際關係，才能融入小組。再者，如果他還能擁有可以一起玩的同伴，生活就會更美好了。

幸好危機也是轉機，中年級的孩子心智逐漸成熟，也是個尋求復甦的好時機。如果說此刻是小力學習和生活的谷底，但也因為是身處在谷底，不會比目前更糟糕，因此，接下來只要努力動起來，就可以從谷底往上爬升了。我需要好好的把握這個機會。

從我和小力的「精心時刻」開始

我為小力設定的短期進步目標為——願意上學，參與喜歡的學習活動和回家寫一些作業。首先，我跟小力討論他喜歡的學習活動有哪些，鼓勵他試著跟大家一起參與體驗活動或者課堂討論。另外我們也直接拿出習作和生字本，刪去回家作業可以減量的部分，我試圖以他當時可以承擔的學習量，鼓勵他回家後做一些練習。

即使我們這樣約定，初期時小力還是不肯寫作業，可能是看似簡單的目標對他而言仍然有困難，我體悟到必須由我親自陪伴他動手去做。於是我跟爸媽商量，讓小力放學後留在學校，我可以陪伴他寫作業並立即指導他不會的地方。這是我和小力的「精心時刻」，寫完減量的作業是我們的目標，同時我們也會東聊聊西聊聊。

找話題是我的專長，雖然一開始小力不太答腔，但是他漸漸地也打開話匣子，跟我分享他來新學校的感想，雖然簡短，但是我相信只要願意改變，改變就會發生。我發現小力是喜歡留校寫作業的，即使我每隔一段時間調整一次作業量，他也能欣然接受。

當小力寫完作業，我們就搭下山的公車到轉乘站，等爸爸來接他回家。此時，我會去蛋糕店買點心，和小力一起坐在板凳上邊吃邊聊天，繼續享受我們的「精心時刻」。

小力爸爸接到孩子送他回家後，還得趕回工作室繼續加班。爸爸願意往返轉乘站、家和工作室之間，是因為他非常疼愛小力。看到爸爸多花額外的時間辛苦的接送小力，我心中有些愧疚，但是我相信這是過渡時期，努力一定會有成果，只好先讓大家這樣的努力著。

小力媽媽原本是職業婦女，她為了能多照顧小力，並且能有較彈性的時間可以到學校和老師討論小力的需要，特地從正職轉任兼職。媽媽一開始就跟我說，看到小力失去了生命力，她感到很擔心和害怕，因此，我會不定時約媽媽面對面一起討論小力的狀況，讓爸媽知道我願意和他們一起想辦法幫助小力。我鼓勵爸媽接納小力的現狀、了解他的需求，並且提供爸媽學習和培養專注力的方法，讓爸媽能夠在家中運用。每當小力有了進步，我便給予爸媽即時的回饋，爸媽漸漸的能看到小力的轉變，也因而感到欣慰。

我一直對小力的爸媽心存感謝，多虧他們疼愛小力並用心參與他的學習，小力才得以逐漸復甦。

許多人一起呵護的幼苗

在我們的學校，身為導師並非孤軍奮鬥。小力來到學校時，輔導室和潛能開發教室的服務就立刻啟動了。

學期初和學期末，特教組會召開小力的個別化教育計畫會議，我都偕同家長參加，一起決定如何為小力提供服務，包括作文課書寫練習、考試報讀和人際互動課程等等。此外，在學期中，職能治療師會到學校提供協助，給予導師和家長建議。小力在特殊教育資源多方面的協助下，一步步的回復了應有的光彩。

小力是一個喜愛閱讀的孩子，他大量的閱讀，而且過目不忘。但是，他卻無法以書寫來表達心中的想法。有一回我特地去找特教老師聊一聊，說明小力在國語課會主動發言，內容豐富且有條理，能夠提取文章的訊息，也能根據訊息提出分析和推論，但是他卻無法流利的寫出心中的想法。於是，潛能開發教室提供小力寫作的練習，從句子的整理和段落文章開始，逐步的練習表達自己的想法。

特教老師非常驚訝的發現小力是一個寶藏，他擁有許多知識和想法。經過練習，小力已經能夠藉著短文來抒發情緒和伸張自己的見解。

看見小力的亮點

小力有許多亮點。

他喜歡閱讀，圖書館是他下課最常去的地方。上課時常常在大腿上擺著一本書，即使老師想以精采的內容邀請他聽課，他仍不時忘我的沉浸在閱讀之中。

他有過目不忘的能力，腦海裡滿是各個領域的知識。一段時間過後，如果國語課有討論的主題吸引他時，小力會舉起手表示要發言，他的發言內容豐富而且有條理，能夠提取文章的訊息，也能根據訊息提出分析和推論，為班上其他的孩子提供思辨的刺激，帶來很好的示範和啟發。

我每每覺得有他參與討論是令人十分享受的一件事，我會立即在全班同學面前肯定他的能力，也謝謝他為大家帶來豐富的一堂課。

另外，小力喜歡在課本上塗鴉，每當我在上課中靠近小力提醒他要專注時，總是會瞄一下小力的畫圖本或課本。雖然這是他不專心上課的成果，但是不可否認的，畫面一次比一次更完整更豐富，故事情節多變化而且畫出許多細節，由此可以看出小力有十足的繪畫天份。

視覺藝術課也是小力喜歡上的課程，也並不令人感到意外。他會依照老師的要求準備好創作的工具，用心聆聽講解，接著仔細的構思和完成作品，老師經常將他的作品展示在黑板上，讓全班同學欣賞他的創作。

誰，才是適應困難的孩子？

轉學初期，小力有情緒上的困擾，他會為了學習上的小挫折而生氣，情緒來了他就咬著牙發出憤怒的聲音，把鉛筆和文具丟出去，接著就趴在桌上，任憑老師如何關心和鼓勵，他都不再回應。

另外，他也會因為和同學的互動而產生摩擦。有一次下課，他在操場跟同學玩球，球一踢出不小心打中了同學，這個同學立刻衝上前大手一揮打了他一拳，引發了兩人之間的肢體衝突。上課鐘響後該進教室時，小力握住拳頭，表情緊繃大聲吼叫，憤怒地從前門出去、後門進入，在教室內外繞著跑。

正好當時我在場，我大聲的為小力說出他心中的憤怒和想法來同理他的感受，一小段時間後，小力減速了並且逐漸冷靜下來。此時他比較能清楚的說明剛才發生的事，讓我可以引導他好好的處理事件，並且學習用「我訊息」當場跟同學溝通他不是故意的，其實，他原本是願意立刻道歉的，也希望同學不要打他。

經過幾次事件後，當小力再度氣得在教室內外繞著跑時，班上有幾個孩子已經學會了對待小力的方法，對他說：「你很生氣，但是你要冷靜！」如此一來，真的就能夠幫助小力安靜下來。不過，仍然有許多的孩子則會在一旁鼓譟，喊著「跑！跑！跑！」、「追呀！追呀！」，或者丟幾句嘲笑的話，這猶如火上加油，將小力惹得更加氣惱，他的拳頭握得更用力，前後門之間也就繞得更多圈了。

由於小力被鼓譟之後會有這些反應，逗弄小力使他更生氣成為一些孩子們之間取樂的事，每天總要發生好幾回。

小力有學習上的困難，需要花較多的心力才能調整心情適應學校生活。但是，當我面對這些喜歡逗弄小力的孩子們時，心中浮現一個想法：「誰，才是適應困難的孩子？」這一群孩子是不是無法適應小力轉來班上成為班上的一員，除了無法接納小力之外，也無法協助他呢？此時此刻的我彷彿陷在泥淖裡，十分煩惱。

我需要方向讓我可以好好的帶領全班的孩子們。小力的成長需要全體同學的協助，我相信當周圍的孩子有能力同理與幫助他時，小力就能夠提升他的適應能力。

發展每個孩子的「社會情懷」

經過一番整理，我把大家所需要的一系列體驗式活動放入綜合領域的課程裡。其中，「同理心」系列是為了提升班上學生的洞察力，並且發展「社會情懷」，讓班上學生成為具有同理心的孩子。

我把同理心分成三個學生易懂的面向，一**是了解別人的心情和想法**，二**是看到別人的需要**，三**是能夠有助人的實際行動**。

同理心系列課程的第一個活動是「心情溫度計」。讓孩子彼此分享最近的心情，引導孩子辨識彼此心情的種類、以及在一到十的量尺上的程度，藉此能夠洞察和體會自己與別人心中的感受。

活動中，大紹發現大輔因為能和同學一起玩大富翁而感到很開心，開心的程度在一到十的量表有十分。上過這一個課程之後，每當大紹聽到大輔說「誰要跟我玩」時，除了知道大輔的心情之外，也明白大輔需要同伴一起陪他玩遊戲，便會主動回應大輔跟他一起玩。

第二個活動是「你說我畫」。這是讓孩子練習專注地聆聽他人描述的情境，並且畫出來。可引導孩子去聽懂別人所說的內容。

第三個活動是「失去一隻手的體驗」。遊戲中請孩子用圍巾將慣用的一隻手綁在腰間，一整天都用另一隻手活動，包括書寫、遊戲和午餐。讓孩子不僅體驗自己失去一隻手所面臨的困難，也觀察同學只靠一隻手生活時需要協助的地方。

透過第三個活動後的「團體討論」，小力發現，失去慣用的手會造成生活中很大的不便，他不希望失去他的雙手，也因此學到了要珍惜自己所擁有的。還有一些同學發現，當自己有需要時，如果其他同學適時給予協助，會讓事情變得順利，自己也就不會覺得孤單和無助。在將心比心之後，他們以後看到同學有需要時，願意主動伸出幫助他人的善意的手。

第四個活動是「起身行動幫助別人」，老師鼓勵班上孩子在了解別人的心情和看見別人的需要後，能夠有具體的助人行動。因此請大家在學習單上寫出一個助人計畫，並且真正付諸行動。

此時，大光發現小力渴望跟大家一起玩遊戲，他觀察到小力平常下課都只站在外圍看著大家玩球，很少加入遊戲中，便主動約小力下課時到操場跟他的夥伴一起打棒球。隔天，小力自備棒球手套和球帶來學校了！只要一下課就到操場等待同學。

由於同學們耐心的教小力打棒球，小力漸漸地能融入同學們的遊戲，也可以和大家一起聊著打棒球所發生的各種情節。透過大光的助人行動，小力開始和同學建立較好的友伴關係。

進入四年級後，班上同學的態度改變了，嘲弄小力的人變少，如果還有嘲弄小力的情形發生，其他同學也會加以提醒。小力逐漸能感受到同學的接納和友誼，慢慢的小力便找回了笑容。也就在這個時候，我注意到小力比較願意準時上學了。媽媽也說，每天早晨叫小力起床已經不是一件困難的事，他自己會打理好，在門口等著爸媽帶他去坐車。

挑戰「美麗閱讀一零三」活動

四年級下學期，我的班級向國立教育廣播電臺申請參加「美麗閱讀一零三」活動。全班必須完成三項挑戰才算通過，一、閱讀：接力完成閱讀一百本書；二、美學：完成自畫像並且公開展出；三、體能：完成一項體能活動的自我挑戰。

其中，自畫像如期展出，體能項目則以接力賽每棒跑學校操場一圈，而且平均每棒跑35秒以內達成目標。至於完成閱讀一百本書的第一項接力，則在一〇三年的學期末進行「美麗閱讀一零三」的檢測。

教育廣播電臺主持人趙先生親自來到班上，他從我們所閱讀的書箱中抽出六本書，請閱讀同一本書的學生，以合作的方式回答每本書的問題。不巧其中有一本書只有一人讀過，因此這位同學沒有人可支援、必須單打獨鬥回答問題，身為老師的我不免緊張起來。經歷了一段準備歷程，心中當然十分不希望挑戰活動功虧一簣。但當我發現這位必須單打獨鬥的同學就是小力時，立刻鬆了一口氣，望著他我很篤定，這次的挑戰能否成功就靠他了，我相信他必定能使命必達。

小力上台之後，有條有理認真地回答趙先生的每一個問題。果然，小力憑藉著喜歡閱讀過目不忘的優勢，娓娓道來通過了檢測，使我們班挑戰「美麗閱讀一零三」的活動獲得成功！全班當場獲頒獎狀和獎學金三千元，而小力則獲得傑出個人獎！

放手，好讓小力昂然闊步走向五年級

挑戰「美麗閱讀一零三」成功是小力中年級生活的美麗句點。此時，我再一次根據學者魏茲和查伯洛的「教室生存技能」為他做了一個評估。一年半前他只達成「我會道謝和我會問問題」兩項。如今，他已經能夠達成「我能傾聽、我能求助、我會道謝、我會帶東西到班上分享、我會聽從教導、我會完成家庭作業、我會參與討論、我會對成人提供協助、我會問問題、我會做修正和我會為決定要做的事付出行動」，只差兩項就可以得到滿分。

學期結束前兩個月，我開始對全班預告本學期結束後，中年級階段就結束了，同學們將會分班升上五年級，我們就要道別。每當我想到要送小力升上五年級時，心中不免有些感傷。畢竟這一年半來我用我的心去帶領這個孩子，積極的陪伴他度過難關，在情感上有很深的連結。但是另一方面，學習放手也是我重要的功課，更何況所有人經過一年半的努力，已經使小力的能力甦醒了，他必然能夠昂然闊步走向五年級。

爾後一年，我不時在校園遇見小力，他都熱情的要和我擊掌，有時還湊過來跟我聊天，分享自己的喜悅和煩惱。五年級老師談起小力時，也經常肯定的點著頭。

有一次，我去小力的人際互動課程代課，那時有一位高年級同學情緒非常不穩定，一直破壞遊戲的進行。我試了兩、三個方法想要安定這位同學但都無效。在苦惱之際，小力居然採取驚人的舉動，他當場安慰我，並且提醒我不需要去對高年級同學生氣，接著默默收拾被弄壞的大富翁，另外再拿出其他的遊戲招呼別的同學繼續玩，他還以「我訊息」告訴高年級同學他的感受。

我十分佩服小力的成熟並且立刻給予回饋，更感謝他的安慰和鼓勵。這件事證明了他的進步與成熟，身為小力中年級導師的我，感到很安慰也很放心，我真的可以放手了。並由衷的祝福他往後的日子能夠充分的適性發展，生活愉快！

吳淑妤

在數年前參與了阿德勒心靈導師的培訓，接受了阿德勒的導引，以致於能夠真正的擁抱自我，並且溫暖的看待自己的冰山。接納之後的調整，讓我有能力走進學生的生命裡，帶領他們邁向自我成長之路。

〔故事7〕如何關上小火龍的噴火開關——建立尊重和信任的環境

——王麗淑

碰的一聲，小培用力將作業揉成了一團，重重的砸在地上，教室裡靜默到彷彿連根針掉落的聲音都清楚可聞，我鼓起勇氣上前，面對這令我感到害怕的景象，和小培拉拉扯扯，拉出了師生間的不信任，卻為籠罩在尊重與信任上的黑幕撕出了一線曙光，讓我們彼此有機會從頭開始一步步建立彼此的信任。

五根手指頭每一根都是不一樣的——理解老師所給予的不同要求

我懷著忐忑不安的心情，接下了一個所謂的「後母班」，此刻站在台上向這一群未來要相處一年的四年級孩子們打聲招呼。

這個班除了特殊生和小培不太搭理我外，台下的孩子們都用著好奇的眼光看著我。對我而言，這是新學校、新班級與陌生的環境，而對孩子們來說，這學校與班級是熟悉的，唯一不熟悉的只有——我。我與孩子們各自揣著一份不熟悉，就這樣開始了新的生活。

帶班級的第一週週末作業，我出了一份小週記，請大家安靜專心寫著聯絡簿，準備迎接期待的周末假期，突然間，小培站起身並隨手拿起週記簿用力揉成了一團，一把丟到地上。這突如其來的舉動讓我在一時之間難以面對，但我仍故作鎮定地看著他，並稍有怒意的說著：

「為甚麼這本週記簿會在地板上呢？」示意讓他把週記簿收回來。

「因為我不想寫週記，我覺得寫週記很煩、很沒意義。」小培不耐煩地回應。

「為甚麼你會覺得寫週記很煩、很沒意義呢？」

「就是覺得很煩！」小培開始拉高音量。

「如果你覺得寫週記很沒意義或是讓你有困擾，你應該要跟老師討論，而不是把本子丟到地上，這樣讓我感覺你很不尊重我。」我也提高了些分貝來表達我的堅定立場。

「那我要怎樣做妳才會閉嘴？」小培竟然用「閉嘴」這個詞回我。

當下一股因為不受尊重而燃起的怒火，以及懷疑起自己與孩子的相處方法是否有問題的難過感，如大浪般席捲我全身。

「你應該要先把週記簿撿起來，然後把這週的作業完成，並且不可以再用這種方式表達你的意見，而是應該跟老師說你的想法！」

似乎感受我強硬的立場，以及堅定的決心了，小培彎下腰撿起掉在地上的週記簿，並用力鋪在書桌上。

「可是我真的不想寫一百個字的週記。」

「可以跟老師說為甚麼不想寫嗎？」

「不想寫就是不想寫嘛！」

「那寫五十個字就好，好嗎？」

「五十個字跟一百個字還不是一樣，還是很多啊！」

我再度堅定的看著小培，小培默默的低下頭，在沉默了像一年之久的十秒之後，他緩緩地抬起頭問道：「那……五十個字含標點符號可以嗎？」

「可以。」

在跟小培一來一往討價還價的過程中，把週記應該完成的字數從一百字減少為五十字，最後在我堅定的立場下，再從五十字縮減為五十字含標點符號，才結束了這段讓我印象深刻的對話。

放學後，我獨自在教室整理一些雜物，滿腦子都是方才對話的場景和滿心的疑問，這股思緒迴盪在我的腦海中持續了整個周末，我不斷地想著：

「這是甚麼樣的孩子啊！」

「他是故意要挑戰我的嗎？我該讓他挑戰嗎？」

「我有辦法面對這個孩子嗎？」

帶著滿滿的疑惑與不安的我，迎接了第二週。進校門前，我鼓勵自己之前的事情可能是小培剛好遇到了困難，才會有這種表現。而我一定要想辦法從旁輔導或是導正小培的情緒處理方式。

但是接下來的相處過程卻不如我的預期。小培先是和同學玩跳繩，似乎是玩的順序沒有協調好，小培竟一拳砸在同學臉上，弄得同學鼻血直流。

後來又因為小培不去上「攜手計畫」的課後班，我們兩個在走廊上表演著「拔河比賽」。一陣拉扯後，我大聲喝斥必須拿到家長同意書才可以不用去課後班。在我的堅持之下，小培才勉強去了去課後班。而且隔天一早，小培就把家長同意丟到了我的桌上。

我不禁心想，甚麼時候我們可以不要再有衝突？趁著他交家長同意書的同時，我跟小培說明，他昨天打人的行為是要去訓導處的，但他仍是一臉「我不怕」的樣子，聽著我敘述隨意動手打人對同學造成的傷害，以及他可能必須承擔的後果。從此之後，他的一舉一動在在影響著我緊繃的神經。

這種緊繃關係持續了將近兩個月，時序到了十月，即將到來的校外教學讓孩子們興奮到在上自然課時失去了該有的秩序，因此全班都被自然老師懲罰不能去校外教學活動，全班陷入了一陣低潮。

初來乍到的我一時也不知道該如何是好，與孩子們的關係也似乎很難再化解了。壓抑住不安的情緒的我，先主動地去和自然老師討論並了解情況後，在自然老師的應允下，我回到班上跟孩子們說：「我去跟自然老師求情了，並且希望和你們約法三章，如果這一週都表現良好，星期五就能去校外教學。」

然而，小培卻在約定的最後一天、也就是星期四下午的掃地時間時，由於不想打掃而和同學們放下手邊的工作打打鬧鬧，違反了約定。因此，我堅守著已經約定好的事情就必須達成的原則，再次跟他說明當初的約定，並且當著一臉不屑的他面前打電話給家長，說明隔天他不能參加校外教學的原因和情況。

當天晚上接近十點時，小培的媽媽打電話來求情，希望還是能讓他參加。我和家長透過這次機會有較長的時間能深入談話，並讓家長明白，小培在學校裡發生的所有狀況，以及我努力過的部分。期望他們在這次事件中，陪伴孩子學習學校的團體生活公約。小培終究沒去成校外教學，而在這一來一往溝通的過程中，他發現了我是一個有原則的老師。

除了堅定我自己的原則外，我也注意到小培在班上會有情緒比較激動的情況，而這大部分都是因為他的身體會不時的因為乾燥所引起的紅腫而感到不舒服。小培在抓癢之後，都會面露不耐煩，對於這種不適感非常不開心，此時在情緒上的反應，會更為激動與敏感。因此，只要他一感覺不適，就會動手打人或罵人。

我在相處中，除了拿出更多耐心與他周旋外，也提醒家長要讓他按時服藥，希望可一起改善或控制住小培的狀況。

在一次上課中，我看著小培把自己的皮膚抓到又紅又腫，然後又是一副「我很不爽」的表情。按照之前相處的經驗，我很怕其他同學會不小心踩到這顆大地雷。於是我主動出擊，請小培照著我的話，向同學說明他身體不舒服。

我先請小培向同學鞠一個躬，再接著說：「我的身體現在有些搔癢紅腫，不舒服會讓我的情緒容易激動。所以請各位同學體諒我一下。如果可能，盡量不要經過我的座位旁邊，避免我太大的動作會碰到大家，造成紛爭或誤會就不好了。」然後，請他再次向同學鞠躬，說：「謝謝大家的諒解。」

透過這次的主動出擊，小培逐漸覺得我是個能了解他的老師，而且也漸漸不討厭我的作法。我們的關係似乎有改善一點了，也相安無事過了一段時間。

沒想到，這相安無事的日子沒過多久，小培又因為不想參與課堂的活動，而與英文老師槓上了。英文老師很生氣地沒收了他心愛的火車圖鑑書，小培甚至在盛怒之下，氣得塗毀、撕毀老師上課發的教材。

這次捅的婁子可不小，英文老師簡直是氣炸了。同樣身為老師的我，很能理解英文老師的心情，但我同樣也心疼小培的處境，夾在中間的我又再度懷著忐忑不安的心情走出英文教室，繞過轉角走廊踏上階梯回到班上，準備迎接新的負面情緒。

一回到教室，趁著打掃時間，我請小培和同學把教室該回收的東西拿去指定的回收地點，同時我也請班上其他同學來跟我說明情況。小培回到教室後，我主動上前關心方才在英文課堂上發生的一切，以及他的心境，並且詢問他是否真的很想拿回他的書。

在確認小培知道自己有錯在先，心情較為平復後，我帶著他去找英文老師道歉。沒想到，此時的英文老師仍在氣頭上，我能體會英文老師的心情，因此我站在旁邊陪著小培被罵了約十五分鐘，可是，最終書還是沒能拿回來。小培一出辦公室就氣得直掉眼淚。我一邊幫他擦眼淚，一邊安慰他，帶他去廁所整理一下心情後，才回到教室。

一進教室，由於這次小培的衝突對象與過程，已經遠遠超過一般小朋友的理解，因此我主動向孩子們提起這件事情，希望藉由我適度的引導，避免孩子們在腦海中留下錯誤的印象。我先跟同學們說明這次為何英文老師會生氣，以及小培應該怎麼跟英文老師表達自己感覺與想法。

我想讓孩子們了解，不同的人對於同一件事情都會有不同的感受與看法，因此，如何讓對方了解自己的想法，這是大家都必須要學習的課題。我藉由戴手套的例子來向孩子們說明，就算是自己的同一隻手，五隻手指頭都是不同的長短，若是我們都戴著跟食指一樣長的手套或是像拇指一樣短的手套，都無法讓五隻手指頭確實保暖或是遮風避雨。因此，我希望大家可以一起協助小培正確地表達自己的感受。

緊接著在放學後，我主動打電話給小培的父母說明情況，請他們多安慰小培，也要讓他明白事情的發生原因，以及為何造就現在的結果。

從小培驚恐的臉龐，我解讀到小培其實是一個很善良的孩子，他正困在自己的情緒和應該向英文老師道歉的兩難中。

我認為這是一個很好的機會，讓小培明白：道歉並不能彌補已造成的傷害，但卻是學習尊重別人的開始。

我主動向英文老師和輔導主任請求聯手合作，在英文老師將小培的火車圖鑑書交給輔導主任後，我向輔導主任要求不要太快將書本還給小培，待我與父母聯繫協調好處理原則後再行打算。

除了和輔導主任聯繫外，我也跟家長告知東西被沒收的原因，以及討論這次事件的處理原則，在小培回家哭訴或是有其他反應時務必請父母在家配合，希望讓小培能夠徹底了解每個人都應該為自己的行為負責，並且讓小培明白學習情緒的管控是信任自己和尊重別人的表現。

回到學校，我比過去更仔細記錄天氣、溫度、是否按時用藥以及進行各種活動之後，對小培身體狀況的影響，作為判斷小培情緒來臨的警示，以便提早做出應對。當小培的情緒再度升起時，我也一次比一次更為堅定的制止或是開導小培讓他冷靜下來。就這樣，一方面持續關心以及要求小培的情緒控制，一方面請英文老師和輔導主任協助我對於小培的要求，堅定地引導他要正確而且適時表達自己的不舒服與需求。

在這段期間裡，我和家長不斷安慰他、鼓勵他和相信他，並取得英文老師的原諒，在堅持了一個月之後，小培總算拿回了他心愛的火車圖鑑書。經過這一次事件，小培學會了面對事情時不能用情緒來處理。

又過一段時間，小培主動向我抱怨為甚麼○○○的功課寫得比較少。我帶著微笑且溫和地提醒他，每個人都有自己的獨特之處，我請他想想自己是否跟別人的情況不一樣？「要是我用對一般同學的要求去要求你，我可以想見你在班上一定會過得不快樂。」他點點頭表示明白後，就離開了。

小培在安全的環境裡被接納，進而了解自己的狀況，並且勇敢地面對事件舉步向前。小培的改變讓班上同學都感到十分的驚奇，期末時，我特地找了個時間請孩子們回味一下我前面所提到的戴手套故事做為這學期的總結，孩子們總算明白與體會，每個人的狀況都不一樣，所以我對大家的要求自然是不同的。

相信每個學生有發揮的舞台，等待開花

為了即將到來的母親節，班上安排了一個做蛋糕的活動。由於蛋糕的數量剛剛好是班上同學的人數，不能有任何意外狀況發生，我還因此特別選了幾個比較謹慎的學生，也再三叮嚀提醒拿蛋糕的同學要小心搬運。

然而在所難免，意外還是發生了。一個蛋糕在運送的過程中被翻倒了。在這個意外面前，可以想見沒人願意承認是自己翻倒了蛋糕。當下正在氣頭上的我，面對無法繼續進行下去的活動，也想不到更好的對策，因此我靈機一動，決定把問題丟回給孩子，讓孩子們去解決。於是我說：「沒有人承認，那麼下午大家期待已久裝飾母親節蛋糕的活動就要取消。你們找

到是誰弄翻蛋糕後再來告訴我。」語畢，我留下滿臉錯愕的孩子們，到隔壁班去處理自己滿肚子的情緒。

過了一會兒，副班長來找我，告訴我是班長弄翻的。班長也誠實的說，是在他手上弄翻的，但那是因為有人在走廊上碰撞到他才弄翻的。

弄翻的蛋糕就像是被打開過的便當一樣，誰也沒有興趣選擇它。可是班長並不是故意弄翻蛋糕的，若是指定班長接收這個蛋糕似乎也有點強人所難。因此，弄翻蛋糕的人是找到了，但是問題卻變成了該如何解決這個蛋糕。

我只好再度按捺住自己要再度爆炸的脾氣，向他們再次說明蛋糕數量是每個人一個算得剛剛好的，如果沒人拿翻倒的蛋糕，數量就會少一個。那麼要怎麼樣分配蛋糕才會公平呢？假使這個狀況放著不處理，下午一樣沒辦法如期進行活動。

班上陷入一陣死寂般的沉默。

突然，小培舉手說：「是不是有人拿那個翻倒的蛋糕，活動就可以進行了？」

我回答：「如果有人願意拿那個翻倒的蛋糕，蛋糕數量就會剛剛好，活動也可以如期舉行。」

小培馬上說：「好！我拿那個翻倒的蛋糕！反正又不是翻倒就不能吃！」

我問小培為何會想拿那個蛋糕，他只是簡單的回答：「因為我希望全班還是能夠進行這活動。」

我請全班感謝小培的心意和舉動。在下午接下來的活動中，我看到他從班上的小火龍成為大英雄。同學們紛紛把自己擁有的材料與他分享。而我也看到他的臉上充滿笑容。

不論是動不動就起衝突的小培，抑或是班上的情緒大王小培，擁有如此火爆個性的孩子，就像是一隻會噴出熊熊烈焰的噴火龍一樣，有時候可以為大家噴火取暖，但是若稍有不慎便會讓自己和其他人受傷。

在孩子們相處的過程中，最重要的就是要讓大家學習相互尊重與彼此包容，了解每個人都是不同的個體，因此需求也不一樣。

我期待孩子們把愛與包容實踐在生活中，了解自己也友愛他人，讓心中那一把火不再燒傷彼此，而是為彼此取暖，讓生命的舞台開滿愛的花朵。

王麗淑

審慎處理小朋友的情緒，能同理小孩的老師。觀察孩子的特質，並與家長討論及協助家長更能用不同面向來幫助孩子。看見孩子的優點，有事件發生時會起個頭讓孩子們討論要怎麼做。期許自己成為班上孩子們的另一個母親，用著最溫暖且堅定的力量陪伴著他們在學校的每一天！

【故事8】用鼓勵點亮孩子的生命

——陳凱莉

家族中的長輩對於老師都有著一份尊師重道的敬意，尤其是我的母親，從小就教導我們家三姊弟，要好好聽從老師的教誨與指導。在這樣的耳濡目染之下，自己也立下志願要成為一位好老師。如願成為老師的我，令母親覺得很驕傲。

母親很重視孩子們的教養，雖然在日常生活上有著嚴格的要求，但是對於我們的表現，總是能從鼓勵與發現亮點中出發。

從小，只要有機會在眾人面前說話，或是擔任兒童活動的司儀，母親就會鼓勵我去參加，這培養了我在眾人面前說話的勇氣。對於我的種種表現，母親會不斷地肯定及鼓勵。例如，她會說：「妳說話的時候，都會看著台下的人，感覺很有自信，真的好棒！」、「妳的聲音很大聲、好好聽！」、「這句話妳說得好棒！妳怎麼會想到這樣說？真的好厲害！」

母親就像我的頭號粉絲，無論我做甚麼，都會獲得她的鼓勵和回饋。於是，我也對自己更加有信心。我想，這就是我建立正向自我的原因。

經過了多年來與學生的互動，以及接觸許多輔導相關課程，讓我更加喜歡自己現在的狀態：更能體會別人的想法，能專心聆聽別人說話，並且適當地與人溝通互動。而這些，大部分是來自於孩子所帶給我的學習。我很喜歡「教學相長」這句話，其實孩子才是教育工作者很重要的學習對象。

母親讓我看到了自己的優點，從她真誠的鼓勵中，我看到了自己的「可以」，使我願意去嘗試新事物。

對我來說，願意踏出第一步是非常重要的。這個觀念也深深影響了我的教師生涯，我願意給予學生嘗試的機會，也願意陪著他們在錯誤中學習。

怒氣來自於沒有解決的方法：小偉的故事

那一年是我踏入教職的第五年，不過卻是我擔任導師的第一年。雖說已經與上百位學生互動過，但是要成為一位亦師亦母的班導師，仍然帶給我很多的心理壓力與緊張，而這些緊張和壓力來自於我對學生的在乎，還有對於導師身分的自我期許。在這一年，也有幸被學校輔導室推薦成為兼任輔導老師，讓我有機會接觸更多輔導相關知能的學習與督導。

小偉是班上一位身材特別高壯的中年級男生，與同儕互動的方式直來直往，常常與別人發生言語及肢體上的衝突，因此他總是成為其他同學告狀的對象。

在面對學生的衝突事件時，我可以體會到不管是告狀或是被告狀的一方，他們最想得到的就是要立刻討到一個「公道」，因此當他們來到我面前時，無論是哪一方，常常都是從氣呼呼、指責對方開始。我常常是從成堆的作業中抽身出來聆聽他們的告狀，當下的我往往是一邊緊張作業無法準時改完，一邊又想好好處理孩子們的事件，在這樣的心理拔河之下，會覺得自己似乎花費了很多工夫，卻徒勞無功。師生之間的情緒，就在這樣相互激盪之下，不但沒有使情緒冷靜下來，甚至自己有時候也會被這些事情激怒。無論是學生或是我自己，我們的心情都是挫折的、無助的。

後來，我開始學習讓自己從這些衝突情況中抽身出來，從旁觀者的角度來看事件中的每個人。例如，從小偉的立場來思考他與同學互動的模式，開始觀察到其實他的個性非常爽朗、直接，所以他的情緒反應也是來得快速且猛烈，再加上身材是班上的高個子一族，所以很容易給別人動作過大的感覺。

同學間發生衝突時，無論哪一方都會先覺得是自己受到委屈，對方的言語或動作，讓自己覺得受到侵犯而感到生氣。於是，在班上我運用團體討論帶著孩子思考面對委屈或讓自己生氣的事情時，除了罵回去、打回去之外，還有沒有別的回應方式呢？在大家集思廣益之下，果然開始出現了許多方法：有人說可以先不要理他，有人說可以看書、聽音樂轉移目標，有人說可以告訴老師，有人說可以到空曠的地方大叫一番……這讓我第一次見識到孩子才是解決同儕問題的專家，大家一起想出了許多既不妨礙他人，又可以解決問題的好方法。

我另外在私下約談小偉，一開始，先同理小偉心中的委屈以及怕被別人誤會的著急心態。

「小偉，你一定覺得這件事情是同學先起頭的，最後卻害自己也要被老師罵，覺得自己很委屈，是嗎？」

小偉生氣地點頭。

「你一定也很急著跟要大家說明，怕老師或同學誤會你，是嗎？」

小偉此時面部表情與身體的緊繃感緩和了一些。

「老師也發現了，當你好好的跟老師說明的時候，你可以把事情發生的情況說得很清楚，只是有時候因為跟同學發生了言語或是肢體衝突後，就沒有辦法說清楚了。你認為原因是甚麼呢？讓我們一起來想看看！」

我跟小偉分享了我在他生氣時的觀察與發現，並且用身體當作指標，標示他生氣的程度：

當他開始生氣時，說話聲音會越來越大聲，此時生氣指數在肚子的地方，表示有一點點生氣了，還沒有到要爆發的程度。

然後脖子會開始脹紅，此時的生氣指數在胸口，大概已經有五分的生氣了，但是忍耐住而沒有爆發。

接著就會出現雙手緊握拳頭的姿態，此時生氣指數在鼻子的位置，已經有八、九分的生氣，隨時都有可能火山爆發。如果火山爆發了，就有很大的可能與他人產生言語或是肢體衝突。

之後多次找機會與小偉晤談，並且引導討論之後，小偉自己也發現了在生氣的當下不但沒有辦法好好解決事情，還有可能會做出其他產生不好後果的事情。我們一起討論出小偉可以接受的調節方式，例如：深呼吸、遠離當下情境，冷靜一下……等等。我發現，小偉越來越能覺察自己的狀態，也願意在努力過後但努氣還是無法排解時，再度來跟我討論他「還是覺得很生氣」，透過一些理性的方式與討論，讓自己面對衝突時，能夠做出不傷害別人也不傷害自己的反應。

怒氣的爆發，往往來自於沒有其他解決的策略。大人的怒氣，有時候也會因為這些小事而被引發出來。其實，生氣發怒是一種對於事情束手無策的求救訊號。

我們必須要有能力更早一步覺察自己的情緒，理性面對與調節情緒，如此才能給學生做一個情緒控管的最佳示範，用身教來告訴學生：生氣是每個人都會有的正常情緒，但以暴制暴通常會造成兩敗俱傷，我們其實有許多選擇可以來應對，讓局面雙贏。

我很開心小偉漸漸地能夠覺察自己的情緒，漸漸地可以與自己的情緒共處，發展出與別人相處的模式，讓他的真誠、率直、有正義感不再被易怒蒙蔽，而成為交友的絆腳石。感謝小偉讓我體會到了孩子無限的潛力，孩子的亮點需要我們去發掘，而陪伴是我們給予孩子最重要的改變契機。

人際互動始於鼓勵⑦與成功的經驗：小達的故事

在我接任校內兼輔老師的第三年，我與小方老師一起帶領一團二年級的人際互動小團體，雖然我不是第一次帶領團體，不過卻是第一次帶領低年級的人際互動團體，團體成員大多是在班上人際互動技巧不純熟的學生，因此我跟小方老師在課程中設計了許多需要兩人或多人互相合作的活動。

二年級的小達是團體中的一位成員，在班上他是一位讓導師需要特別花心思的孩子，常常在課堂上不服師長管教、我行我素；而下課跟同學玩的時候，也不時會發生衝突，因此被提報來參加人際互動小團體輔導課程。

還記得他第一次來參加課程時，我和小方老師都可以明顯感受到，他的眼神和肢體散發著不安與戒備，因此在課程中，我們融入許多必須要與同儕互動的活動，同時不斷鼓勵團體合作。

有一次安排了兩人合作完成拼圖的活動，一開始小達把拼圖放在他的正前方，兩隻手臂將拼圖圈起來，同組夥伴小安只能利用一點點的空隙，努力拼圖。

「老師看到小達把拼圖放在自己前方，猜想小達一定對拼拼圖很在行。」

小達點點頭說：「我很會拼拼圖喔！」

「老師看到小達找到很多片拼圖，你的夥伴小安好像也找到了一些，但是他卻沒有辦法拼到拼圖上，小達願意讓出一些位置給小安一起拼拼圖嗎？」

於是小達讓出了一點點空隙給小安一起拼拼圖，最後小安跟小達一起坐在拼圖的前方，而他們這一組是第一個完成拼圖的小組。

「老師發現小達和小安這一組真的是合作無間，可以說一說發生了甚麼改變嗎？一個人拼拼圖和兩個人拼拼圖有甚麼不同？」

「兩個人一起拼拼圖好像可以更快速完成拼圖！」

透過跟小安一起拼圖的成功經驗，漸漸地，小達在團體中也開始願意試著與別人合作。在某一次輪流作畫的活動中，前一位小朋友的畫沒有在第一時間就傳給小達，小達並沒有口出惡言批評同學，而是願意等待，在當次團體活動結束前，老師特別指出小達這個進步的地方，小達的表情雖然裝作不在乎，但是嘴角微微上揚，顯示了他被鼓勵後的好心情。

總共八次的小團體活動，小達從一開始常與同學有小爭執、愛計較，需要老師及同儕協助解決，到後來能夠提出自己和別人都能接受的解決辦法，甚至可以與別人輪流進行活動，這樣的改變也讓我和小方老師在團體後時常提出來討論，看似沒有做特別的個別輔導，但是改變應該就是發生在我們隨口且即時的鼓勵上，以及小達親身體會到與別人愉快合作的正向經驗。

在小團體輔導課程結束的幾個月後，有一天偶然在小達的班級走廊看到他跟同班同學在玩遊戲，小達很開心地大聲跟我問好。我在他的眼神中看到與一般孩子無異的神情，初次見面的防備、不合作的眼神也消失無蹤了。

每個孩子都想表現出良好的一面，縱使是被師長、同儕認定是麻煩人物的孩子也都如此。想被肯定是每個人的天性，找到孩子生命中的亮點，是孩子下一次有好表現的重要養分。

我常常在小團體輔導課程結束後跟合作老師討論，話題總是圍繞在如何讓學生於課程中能體驗到一個與人互動的「成功經驗」。一次的成功經驗就足以扭轉孩子原本不抱希望的想法，進而類化引發下一次、下下一次的成功經驗，而看到孩子的轉變，我想最大的收穫者正是身為老師的我們！感謝小達讓我看到鼓勵與成功經驗的力量！

別小看同儕的力量：小班與小元的故事

在從事教學十多年之後，時常接任高年級的科任老師，有部分老師對於高年級的學生，常會升起敬謝不敏的心態，但我在高年級的科任教學則是如倒吃甘蔗，與高年級學生互動是亦師亦友，我喜歡高年級學生的能力強、理解力高，而且師生可以一起激發出更多元的教學活動。高年級的人際互動引導更具挑戰，孩子既有的互動模式已經定型，與孩子互動的方式更需要技巧。

小班和小元都是我所任教六年級科任班的男生，兩個人都很有自己的想法，也強烈希望別人能認同自己。當事情出現分歧的意見時，協商退讓的空間都很有限。

某次在班級的小組戲劇活動裡，練習時由於大家想法不一致而罷練。我介入了解之後，先讓孩子輪流說明事情發生的經過，以及自己的感覺或不滿的地方，不過我要求孩子不能在對方說話的時候插嘴回應，有任何要反駁或回應的事要在下一次輪到自己發言的時候再說，這樣的做法主要是要讓學生可以專心地聆聽別人的說法，不要一味的執著在自己的想法上。

就在當事人小元和小班以及其他同組同學都說完之後，小元提出要求老師判斷誰對誰錯，小元由於在氣頭上，所以無論在言語上或態度上都顯得十分強硬。此時的情況在很多人看來其實應該是「挑釁」意味濃厚，不過由於我已經是第二年任教該班，對孩子們的個性已有相當的了解，我當下決定不隨著學生的情緒起舞，選擇用理性回應學生。於是，我在黑板上畫出了一個線狀圖，把每個人所看見的部分呈現出來，說明如果只針對自己所看見的部分下結論，而不採納別人的意見，就會產生對大家、甚至對自己都不公平的狀況（如上圖）。

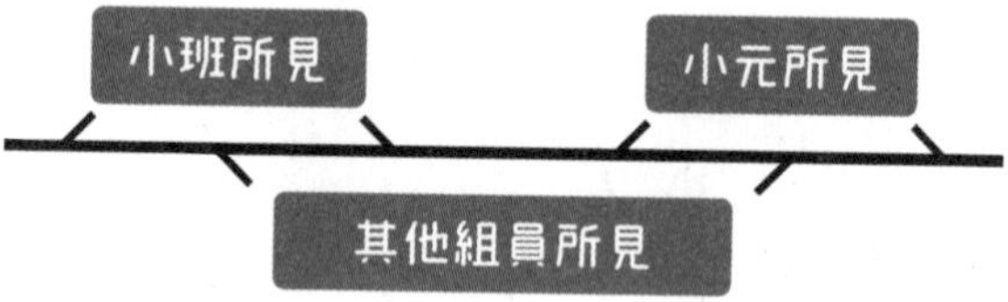

簡短分析完狀況，看到兩位學生的情緒冷靜下來之後，我決定給全班多一些時間去消化我想要傳達給他們的觀念，於是就麻煩導師幫忙觀察後續狀況。

幾天後的課堂上，我發現小班和小元在小組練習中能夠正常參與討論及練習，前一次發生的問題也沒有在之後的課堂中再次出現了。

其實，當天在我離開教室前，心中是忐忑不安的，在科任老師無法長時間陪伴孩子的情況下，我想要傳達給孩子的觀念不知道能否完整傳達？不過事後證明孩子的復原力真是不容小覷！當然這也得感謝導師的大力協助以及同儕間的相互鼓勵及開導。

有時候在跟孩子互動時，事後我們常常會因為一個自覺不妥的互動而自責。但在我和許多孩子互動的經驗中，體會到一點——**正向的互動足以彌補上一個互動的不足**。

建議各位不妨就將不如我們所預期的互動想成一種嘗試，方案A不可行，還有方案B；方案B行不通，還可以想方案C。這也是互動最迷人的地方，有著無限可能與機會。

感謝小元與小班讓我看到了一個班級間師生彼此信賴的力量，大家願意為班級和諧的努力，才能真正造就團結一致的堅定友誼。

孩子的成長需要時間醞釀

人需要透過家庭教育、學校教育、社會教育來學習，三個環節缺一不可，經歷過正向的對待，才能夠正向對待他人。而正向的互動需要透過人與人之間的交流成形。

我工作十幾年來，發現自己一直不斷在成長中。我相信，唯有提升自己的境界，孩子才能有成長的空間。

凡走過必留下痕跡，孩子的成長需要時間醞釀。我常常覺得，自己很榮幸能夠陪伴許多孩子走一程。孩子未來會有他的一片天空，但成就不一定在於我們。我們或許只是在他的這片天空裡留下一小片的雲彩。與孩子互動的每個故事，也在我生命中留下美麗的雲彩，成為我在教育界繼續努力的重要資糧。

⑦鼓勵：本書每一篇故事都是鼓勵的最佳案例，而關於鼓勵的具體句型，可參考本書〈【故事4】絕處逢生找勇氣〉。

陳凱莉

從小父母就非常重視孩子的教育，依照我們姊弟各個不同的特質，將我們培育成社會上不可或缺的人才。媽媽常常很有耐心地傾聽別人訴苦，就如同太陽般，不斷將慈愛與希望之光傳送給他人，這些畫面深深印在我的腦海裡。十多年的教育生涯，陪伴了無數的學生走過一段時光，我也期許自己能夠成為那個帶給孩子希望的太陽，將這股溫暖傳送給我的學生，然後繼續不斷的擴散出去。最優秀的教育家，是培育孩子成為貢獻社會的人，我將會在這條路上持續努力不懈！

【故事9】

這是甚麼樣的班啊？從自我到照顧別人

——蘇玉梅

在十六年教學生涯中，我曾帶過四屆中年級班級、四屆低年級班級。當一個老師面對新班級時，總是有許多心情。一開始，懷抱著期待，希望有一群懂事、善解人意、熱心的小天使，可以依循著老師所設定的目標，一步步學習、成長，讓自己在帶班的兩年裡留下美好回憶。沒錯，這是個期待。所以在帶班時，我給自己幾項功課，希望孩子在這兩年的時間與我的期待越來越靠近，甚至比我的期待表現得更好。

我的第一項功課——打招呼

對老師及學生來說，每一個新班級就是一個新環境，一開始的見面氣氛很重要。我一定會跟陸陸續續進到教室裡的學生問好，等全班到齊再一起問好。

曾經有一個班級令我印象深刻，因為我對著全班說：「各位小朋友，大家好！」台下卻是一片安靜無聲，只有幾位家長幫忙回答：「好……」

於是我又再問候一次：「各位小朋友，大家好！」這次終於不只有幾位家長的聲音，還多了幾位小朋友的聲音了。

因此，我知道「見到人要主動打招呼」這樣的禮貌是我要教給這群小朋友的一項功課，日後便將它放入重要的工作項目中。為何我把「見到人要打招呼」這件事看得如此重要？它除了是種禮貌的展現，也是一種串起人與人之間聯繫的一種方式，這是我看見你，想對你有進一步的接觸、聯繫。

「見到人要主動打招呼」要怎麼教呢？過去有老師教過我，老師是學生學習的模範，想要學生做到甚麼，老師得先做。所以，要學生向老師問好、道早，老師就得先向學生問好、道早，不能只是指責學生為甚麼沒向老師問候。

當早上學生進到教室時，我會對他說：「○○○早！」如果我從教室外面走進來，看到班上的學生，我就說：「大家早安！」

後來，每個孩子進到教室都會主動問早，而且都是老師還沒開口前，他們就先說出口了。有時候，我忙著改作業，孩子還會走到我面前對我說：「老師早！」

而禮貌不是只做給老師看，還有其他人，所以我會利用各種機會告訴孩子們，有禮貌的孩子會到處受人歡迎、喜愛，而且也能表達我們對他的在乎，所以遇到長輩及同學請看著他，並給他一個招呼。

遇到學校活動，有家長前來協助，我一定會空下一段時間，先讓學生向各位家長問好。在活動結束時，也留下一段時間，讓學生有機會向家長表達謝意。

孩子的行為是需要機會練習的，而校園是最佳的場所。

我的第二項功課——以聯絡簿串起親師生的關係

開學時，要和學生建立起良善及互信的關係，所以我會在每天的最後一節課請孩子抄寫聯絡事項，當著孩子的面批閱他們的聯絡簿，並且會在聯絡簿上寫下一句鼓勵或肯定的話，唸給他聽。

例如，當孩子字體工整、漂亮時，我會寫下：寫字真漂亮，看起來真舒服！（是用注音符號書寫）或者是：寫字真用心，一筆一畫都好認真。

這時我看見他們很認真看著老師寫的字，一邊走一邊看，臉上還帶著微笑走回座位，能藉此知道孩子很喜歡這件事（孩子被肯定時的喜悅）。

幾年前有老師告訴我，在聯絡簿上盡量寫孩子的好表現，與家長分享這分喜悅，這樣不只孩子可以受到肯定，親子關係也會更融洽，親師合作會更緊密。這段話讓我省思了許久，而且還感到懷疑：難道不應該讓家長知道孩子有需要協助改善的行為嗎？

過去，我在孩子的聯絡簿上寫下的事，一定壞的事比好的事多，而且還會要求家長回家後要多加指導。自從聽了那位老師這麼說後，孩子在學校有好表現時，我一定會寫在聯絡簿上，而且事情不分大小；如果孩子發生較需大人關注的行為時，我會以打電話方式或與家長面談方式溝通，期許孩子能在親師相互合作下越來越成長。

會不會有人問，孩子的小問題也要打電話和家長談，不能寫聯絡簿嗎？其實我還是會寫，但我只寫過程及處理方式，讓家長了解孩子有這樣的事發生，我們可以多留意一下，而不是要家長再次處罰孩子。在寫之前，我會和孩子談過，並告訴他我會寫些甚麼，問他是否可以接受。

因為這麼做，我開始發現孩子非常在意老師寫的內容，除了想知道老師寫了甚麼之外，還想知道他們在老師心目中的位置。每當看到老師在聯絡簿上寫下一段話時，即使不是很懂上頭的國字，他們仍會一字一字的用心看完。我曾見過有孩子看到我將他上課認真的表現具體的寫在聯絡簿上時，他很開心的喊了一聲ＹＡ！即使他只是個小一的孩子。

我的第三項功課——為孩子建立界線

每個老師有自己的哲學觀、人格特質，我喜歡幫孩子建立一個界線，在這個界線裡，他們可以自由發揮，以及學會尊重別人有說不的權利。以下就建立遵守上課規矩這個界線來說明，我是如何為孩子建立界線。

一年級開學第一天最後一節上課時，孩子們在聽我說明學校的規定與上課該遵守的規則時，有一個孩子小寶在座位上敲敲打打，發出許多聲響，打擾了班上的秩序。

我向他說：「小寶，請你站起來。」

「老師，你請我站起來做甚麼？」小寶坐在座位上，睜大眼睛看著老師這麼問。

我再說：「小寶，請你站起來。」

他仍是坐在座位上問：「老師，你請我站起來做甚麼？」

「小寶，請你先站起來，我再告訴你。」小寶這次不講話了，但也沒有站起來。

當下我腦中出現的念頭是：一、這是我與他第二次見面，我對孩子了解不多，我與他都還在熟悉彼此；二、我相信孩子的行為反應皆因先前經驗學得，他會有如此反應，應該是有我需要去了解的地方；三、當下情境不容許我花太多時間在單一孩子身上，我得先讓全班孩子都了解上學的規範。所以，我並沒有和他拉鋸，便繼續將我要說明的內容講述完畢，放學時就讓他跟著路隊先回家了。

放學後，我立刻與小寶媽媽聯繫，除了告訴她小寶在校發生的事外，也想進一步了解小寶做出這樣行為的可能原因。原來小寶在幼稚園階段常被處罰，他卻都不知道被處罰的原因，媽媽也得常到幼稚園去了解情況，所以媽媽就要求他得知道為何被處罰，今天小寶才會有這樣的反應。

了解小寶反應的原因後，我將我的擔心告訴了媽媽，班上其他孩子只看到小寶的行為，並不了解其原因，大家會覺得他不聽老師的話，而不願與他交朋友。我希望媽媽能幫忙讓小寶在學校中要聽老師的指導，幫孩子早點順利進入學校的生活，我也會讓小寶知道他不適當的行為，並協助他了解為何要遵守校園生活的規範，以及要怎麼遵守規範。

隔天上課，小寶到校後，我找了他來聊聊昨天回家後媽媽對他說了甚麼，並請他說說在幼稚園時的事情。在談話的過程中，我發現小寶真的不明白為何老師會請他站起來，於是我向他說明昨天的事，讓他了解我為甚麼會請他站起來，並告訴他我只是希望藉由請他站起來這個行為，打斷他製造出來的聲音，以免大家沒辦法聽清楚老師說話的內容，以致於有不好的事情發生。接著我請他回憶在他敲打時，他有聽清楚我說話的內容嗎？他搖頭表示沒有。於是，我請他幫個忙，希望往後老師在上課時，他可以不再敲打東西，而是專心聽老師講解，如果再有干擾上課的行為出現，老師會先提醒他，再犯就會再請他站起來了。

後來，小寶偶爾會出現干擾上課的行為，但他會遵從老師的要求，在當下停止動作並接受罰站，下課後，我會找他來了解當下發生了甚麼事。這時我會請小寶先說說剛才發生的事，並猜猜看老師為何會讓他罰站。這兩個問題的目的，是為了要了解孩子在想甚麼，以及他意識到了甚麼，與我們的想法是否有落差，這關係著等會我要和他談話的重點。如此一來，孩子會越來越明白上課的各項規矩，也明白這些規矩的作用，他也就更能切實遵守。

在小寶逐漸進步的過程中，我會在他有進步的時候，告訴他我看到了他的哪些好表現，也會告訴他在他身上我看到了甚麼正向的特質，並會問他在當下的感受或想法；在小寶出現不合宜的行為時，我也會讓他了解這樣做會帶給別人的感受是甚麼，並且與他討論是否有其他的行為或方法可以替代，鼓勵他試試這些方法。

一年級上學期的期末時，小寶主動幫忙開教室電燈，我只是說了一句：「小寶謝謝你主動幫忙開燈。」班上就有同學說：「小寶進步好多喔！」這句話觸動了我的心，接著問：「為甚麼會這麼說呢？」

學生就回答我：「對呀！他以前都不聽老師的話，常常犯錯。現在很少被老師罵了耶！」另一個學生也說：「他以前很調皮，現在會幫忙做一些事了。」透過這次的機會，我讓孩子說出我的想法，也讓大家都看見他的進步。

有時候老師說得再多，都不及同學們說的影響大，所以我會留一些機會給學生們說，讓他自己看到別人對他的觀察結果。當天，我在小寶的聯絡簿上寫下：感謝小寶今天主動幫忙開燈，讓大家能在明亮的空間學習。小寶這學期進步很多，同學也都有發現小寶的進步。

這樣的小寶，在一年級時都不曾擔任過班級幹部，到了二年級，他的名字就常出現在班級幹部的候選人名單中，只要一當選，他就很開心的在下課時與我分享他的興奮。我也利用這個機會聽聽他的想法，並詢問他覺得會當選的原因，他說：「因為我現在變好了，同學都有看到我的好表現，所以就願意選我。」這時，我接著說：「你真的是個很熱心的孩子，很願意協助班上的人，有時同學嫌髒的事，你都願意動手去做，真的幫了我們很大的忙。我很開心，你的優點有被看見。」到了二下即將結束前，小寶在我的桌上留下了一個驚喜——某一天放學後，我看到桌面上凌亂的遺失籃裡，物品被分類擺放整齊，所有物品一目瞭然，原來是小寶利用下課時間協助整理的！

我的第四項功課——培養同理心（運用團體討論）

孩子從自我中心要進入能為他人著想的階段，需要大人的陪同與引導。

當老師這幾年下來，發現到有越來越多的孩子在大人的呵護下長大，大人們都想滿足孩子的需求，以至孩子不太會考慮到別人的感受，因此遇到問題都是別人的錯，自己都是最委屈的一位。

為了讓孩子對別人能感同身受，一開始我會以別人的例子當討論的焦點，拋出一些問題讓孩子來回答：

這些人做了甚麼？

這樣做帶來了甚麼問題或好處？

如果你是裡面的誰，你會怎麼做？

產生的影響可能是甚麼？

以這樣的方式讓孩子可以放心的說出內心的感受。

等班上有討論的氛圍後，當孩子遇到了問題，我就會將發生在他們身上的問題提出來，但不會說是誰導致的，全班就只針對這件事來討論。

接著，我會去了解當事人的感受，並讓他知道我很感謝發生在他身上的這件事，使我們有機會去學習。（在此之前，老師得讓孩子了解在他們身上發生的事，都是讓我們學習的機會，我們得感謝這些事情的發生，才能學習到用較好的方式來處理或面對問題。）

在此可以看見，要冒險前，老師得建立一個讓孩子覺得安心的環境，事後也要聽聽孩子對討論後的看法。

有一次，班上在進行支援前線這個活動，分成男生、女生各一組，我們先講述活動規則，確定全班都了解規則後，就讓他們討論推舉組長，由組長來掌控各組的行動。女生組很快的決定了組長，男生組花了稍微多一點的時間，但最後也決定好了組長。接著，兩組開始收集老師要求的項目，幾個回合下來，結果是女生組獲勝。

遊戲到這裡先暫停，接著我提了幾個問題讓孩子們討論及分享：

1. 這個遊戲帶來的感覺？

女生都覺得好玩而且刺激，男生則是不開心，因為有人覺得大家都沒有聽組長的話，而是為搶快而互相推擠，甚至有人被排除在圈外。

2. 請兩組說說自己這一組能獲勝或是輸了的原因。

女生組覺得她們選對了組長，而且大家會配合組長的要求行事；男生組則認為組長沒能率領好組員，所以覺得換個組長應該會較好。

在第二次遊戲前，我先讓他們分組討論是否要更換組長，以及討論作戰策略。男生果然更換了組長，而且展現了強大的企圖心，而女生依循第一次的經驗維持原狀。第二次的結果，還是女生組獲勝，只是遊戲中偶爾幾次男生組也有贏，他們也因此感到很失落。這次活動後的討論時，我問了下列問題：

1. 第二次的遊戲後，你有甚麼感覺？

2. 這次的結果似乎還是女生獲勝，兩組要不要說說看在遊戲過程中你看到了甚麼？

3. 聽完大家的說法後，你覺得在這個遊戲中組員重要，還是組長重要？為甚麼？

4. 如果再有一次遊戲，你們那一組會怎麼做？

此外，班上孩子如果某些行為出現超過三次，我會利用一小段的時間將問題提出與全班討論，先聽聽孩子們的想法，再說說我的看法。

例如：孩子們上課時很多人不能專心，不是在玩抽屜裡的物品，就是在和隔壁同學說話，這件事情令我好困擾。你們可以告訴我為甚麼會有這麼多人不能專心嗎？

聽完他們說的原因後，我會告訴他們困擾我的原因，以及我對這件事的感受，最後說出我的期待。彼此了解後，我會將所觀察到的情形告訴孩子，並讓孩子們猜猜就這件事我是怎麼想的。

這目的是希望他們可以有顆體貼別人的心，許多事不能只看到自己可以獲得甚麼，還要看到是否因此而造成別人的困擾。所以在班上，他們不只是說出自己的感受，還要能聽到別的想法及感受。

透過這樣的方式，讓我在這群孩子的二年級下學期時，看到了驚喜——。

學生們還小，拖把的水總是無法擰乾，所以晾拖把時，拖把裡頭的水會往下滴。在樓下的班級總是會被樓上的拖把水滴到，不是滴到陽台，就是滴到學生身上，每到打掃時間，就會有這樣的聲音出來：「老師，樓上的人又把水滴下來了啦！」

「那怎麼辦呢？」

「上去叫他們把水擰乾一點啊！」

我當時回應「哦！」一聲，就走到陽台看一下情況，確實是有水滴下來，就說：「真的讓人很不舒服呵？」

學生就說：「對啊！每次都這樣。」

「水滴下來時，你們都怎麼處理呢？」

「就把它拖乾。」

「滴在身上呢？」

「就用手撥一撥，回家再洗頭就好了。」

「哦！」我這時又多看了一眼班上擺放拖把的地方，「可是你們也沒有把水擰乾啊！水也滴到樓下去耶！」學生聽到這裡就沒說甚麼，又繼續打掃。

然而，在某一天早上，我在開窗戶時，看到了令我驚喜的畫面（如左圖）。雖然孩子沒能從我這裡得到任何協助，他們卻想到了一個不造成別人困擾的方法：除了將水擰乾一點外，還在擺放拖把下方的牆上，鋪了幾條備用抹布，讓拖把裡的水不往下滴，由抹布來吸收。

這一幕真令人感動！因為他們看到了自己可以做的事，而不是只有抱怨。

我將這個畫面拍下來，在課堂上問小朋友，是誰想到這麼做的？為甚麼會想到要這麼做？他們的答案與我的推想一致，但我仍是將說話的時間留給他們，因為他們才是主角。

我很感動他們有這樣的想法，也發揮了解決問題的能力。神奇的是經過這一番說明後，孩子們就沒有再向我抱怨樓上的水又滴下來了，或許是他們覺得自

己做了一件了不起的事，樓上滴水的事就不用放在心上了？雖說整個過程解決不了樓上滴下來的拖把水，他們卻將心力用在解決自己所製造的問題上，這不也是美事一樁嗎？

所以，這到底是一個甚麼樣的班級呢？這個答案就且讓我留在心中吧！

蘇玉梅

教學生涯不算長，八年的中年級導師和八年的低年級導師，算算是十幾年的時光。在這期間，我一直秉持著「教育是為了使人成為更好的人」而努力著，而這個更好的人是會為自己、為他人「打算」。所以，該是孩子的學習機會，我會善加把握，不會預先出手，雖然有時得協助善後，但它才是重要的。

【故事10】打開心的窗

——蔡艾倫

自高中以來成為一位老師是我的理想，因為我相信在心田種下善的種子的力量。但是身為一位新手老師，教學模式還未定型，缺乏對學生的了解，而在班級經營更欠缺經驗，因此在實際教學現場，總是發生現實與理想的矛盾。

老師往往一心希望能照顧到每個孩子的感受，但是卻又沒有充足的時間傾聽孩子；希望能鼓勵肯定每個孩子，但是有些時候卻沒辦法將孩子之間的問題處理得全面。在這樣的矛盾與衝突下，也讓我更了解「老師」的本質是——「好老師不是一個終點而是一個過程」。而貼近孩子的心更是這趟旅程中，不可缺少的要務。

貼近孩子的心，孩子自然更信任老師也理解老師的善意與用心，老師也在與孩子的互動中，更了解自己，認識自己，而逐漸放下自我，打開心的窗。

令人又愛又心疼的小克

教書的第二年，我仍在探索每個孩子的需要。有的孩子需要被聆聽，有的孩子需要被賦予責任，有的孩子只是想要得到多一點的微笑與肯定。

當時我是一年級的健康科任老師，和孩子相處的時間不算多，一週兩堂課。每到健康課時我會帶著教具到班上，總會看到孩子在班上的情況。有的孩子乖巧穩定，有的孩子活潑好動，也有孩子被同學排擠，讓人特別心疼，但有幾個孩子總讓我感到無所適從，不知道該用甚麼方法可以幫助孩子適應學校生活。

在我帶的四個班級中，其中一個班級的上課進度常常落後，上課時因為班級秩序而中斷課程的次數也不知凡幾。其中一個叫小克的孩子令我心疼又頭疼。長得胖胖的他，很是強壯，雖然才一年級，卻有三年級孩子的力氣。他是一個熱心的小孩，如果有人忘記帶蠟筆，他是第一個舉手願意幫忙的人。有時候，他知道自己不對，老師提醒他，他的眼睛會像月亮一樣彎彎的，嘴角微微上揚，輕輕地低頭，露出一副「對不起，人家不知道」不好意思的樣子，十分可愛。但是一旦生氣起來，就六親不認，不管對方是誰，他一樣拗脾氣不理人，「要這樣就是這樣」，真是讓我傷透腦筋。

有時候會覺得上課時好像要看小克臉色，他若是狀況好就可以平安無事過完這一天，但若是他當天狀況不穩定，我就得時時留意他的狀況，避免他和同學發生糾紛，無法專心上課。有時甚至會因此而打斷上課，讓我覺得挫敗無力，只能祈禱不要出亂子就謝天謝地。

有次在放學後，我與坐我旁邊的老師討論小克的情況，與其他老師討教幫助小克的方法，我說：「一年甲班的小克令我很頭痛，不知道他在你們的課堂上，是甚麼樣的情況呢？」音樂老師接著說：「上次這小子鬧脾氣，還把閱讀課老師踢到瘀血呢！」

強強老師身高將近一百八十公分，教書二十年，是小克的閱讀課老師。他過去擔任班導師，把班上管理得很有條理與秩序，小朋友也很喜歡這位老師。下課時，小朋友甚至會圍在老師的桌子周圍，和老師聊天。在他的調教下，小朋友都表現良好，與老師既是親近，又不失師生的分寸。

如此令我敬佩的強強老師，居然也為小克的行為感到困擾！強強老師說：「上次小克鬧脾氣，我最後實在是沒辦法，說要帶他去學務處。結果他很用力踢了我的脛骨。妳不要看他這樣小小一隻，體重和妳差不多呢，力氣又很大。後來，瘀血了一個禮拜。」

這讓我很驚訝，即使是擁有多年教學經驗的資深老師，面對小克還是碰壁，不禁讓我思考，我們是否有其他的方式能幫助與孩子建立關係，使他強硬的心柔軟下來。這讓我想到阿德勒心理學裡面提到的，透過鼓勵、同理與接納孩子，可以更貼近孩子的心。

同理化解僵持

人本心理學家 Carl Rogers 提到，同理心是能夠設身處地去了解並體會他人的受苦經驗。同理心是傳遞理解與支持，是一種接納，是放下自己的想法，站在對方的觀點，描述對方的情感，聚焦於對方的需求。

因此當教師對學童表現出同理的態度，孩子便有機會經歷被了解的感覺，可以宣洩內在的情緒，並且澄清自己的感受，進而更加信任自己的經驗與感受。當孩子被同理，則會感受到有人嘗試了解自己，關係的連結也更加靠近，心中孤獨感也可能因此減少，孩子心中的冰山也能逐漸被溶解。

一次放學，我看到導師和小克在僵持。小克手中捏著一張傳單紙，導師要小克把紙放下，小克卻怎麼也不放，還越捏越緊。導師見了更生氣，氣氛越來越僵，眼看導師要去找學務處的老師來了。我走近小克，在他耳邊小小聲地說：「你很緊張，我看你一直捏那張紙。」小克說：「嗯。」並點點頭。

我接著說：「你捏紙會讓老師以為你在玩，雅雅老師希望你把紙放下，然後把手貼在褲管上，表現出站好的樣子。」小克僵持了幾分鐘都不肯放下的那團紙，就在瞬間放下了，然後立正站好。

導師露出驚訝的表情，原本僵持的窘境，在小克放下紙團瞬間結束了。老師生氣的原因也不見了。接著老師問我說，妳是怎麼讓他放下手中的紙？我回答：「我試著說出他的感受，接納他當下的狀態，然後同理他的緊張，他便放鬆許多。其實我只是說出他的心情。」

老師當下看到小克放下紙團的表情，和小克瞬間放棄僵持的畫面，至今仍令我歷歷在目。我才明白原來真誠的同理，有時候就能化解那看似一觸即發的衝突。

新手老師的頭疼——面對衝突時

我覺得在陪伴學生的過程中，教師其實不斷在挑戰自我。

面對自己內心的瓶頸，該如何面對，又該如何做出適當的回應，至今我仍一直在學習。我是一個害怕衝突的人，每每遇到衝突，我總是退縮退讓，看到別人不開心或生氣，內心的恐懼就瞬間將自己縮小成順從的小孩。因此面對需要與學生堅持原則或界線時，往往讓我感到困擾不已。

和小克相處，我常常踢到鐵板。譬如說，如果問「小朋友誰會回答」，小克舉手幾次若沒被點到，他就會很生氣，發出像是「都不叫我」之類的聲音。表現出不滿意、不開心，進而影響上課。而我越是提醒他，他就會有更明顯的舉動，像是想要引起我的注意。有時候一上課，就要處理他與小朋友下課間的誤會或不愉快，不知如何是好的我著實苦惱，很希望能幫助他減少這樣的爭執，卻又不知從何著手，我會害怕對他表示原則與界線，害怕與他產生衝突，一直不知道該怎麼和他溝通。

而這樣的心理障礙反映在我的課堂中。面對衝突，我會不自在，不知道接下來該如何繼續或該怎麼接下去。但是隨著同理心與鼓勵的運用，讓孩子知道老師理解他的感受，也看到了孩子的努力和真誠善良的心意，他們對老師的信任似乎隨著時間的累積，而同步增加了。

他們發現老師是喜歡他們的，也相信老師可以接納他們。逐漸建立關係之後，要引導孩子似乎容易多了。孩子也可以了解你的生氣不是針對他。

雖然我們都知道同理心很重要，但是面對自己的心理障礙，還有面對突發狀況的情緒管理時，老師也會有自己的困難，會有無法同理的情況。在嘗試接納孩子、同理之前，我不斷的在練習，先接納自己的做不到、不完美，甚至是接納自己自然會有的情緒，如逃避、害怕、生氣。練習面對自己的瓶頸，在孩子面前更加坦率真誠，也更貼近孩子的心。而要接納自己，全然的設身處地理解他人卻不是一天、兩天能達成的事情。

像是有一天上課風很大，貼在窗邊的海報不斷飛舞，製造出許多聲音，也讓坐在最後面的小朋友無法專心。小克跑到窗邊把飛舞的海報壓下來。我說：「感謝小克的熱心幫忙，但是你離開座位影響到大家了。可以請你回座位嗎？」小克聽完便回到座位，眼睛還是離不開海報，並發出：「不要，不要飛啊～」的聲音。

我不知道小克是刻意想引起我或其他同學的注意，又或是真的很在意那張海報。這時，我想到之前輔導研習教過的同理，我說：「小克你很想把海報弄好，但風實在是太大了。老師現在希望你回到位子上坐好。」雖然自以為是同理，但在那個當下，很明顯地我是比較希望他回到座位坐好，這使得我無法真正同理孩子的感受。

我想，孩子也有感受到這一點。他回到座位後，繼續製造出「咻咻～」的聲音。我說：「小克你製造的聲音，影響到大家上課了，我有一點生氣。」也許我選擇忽略也是一種處理的方法，但是當時我只有一種應變方式。

接下來，我嘗試轉移孩子們的注意力，詢問是否有人願意幫忙帶領大家唸單字。其他孩子都很願意幫忙，小克居然也舉手了。但我當下覺得要讓小克反省剛剛的行為對大家造成的影響，我說：「很感謝小克願意幫忙，但請你看著我的眼睛。我還在生氣、難過，剛剛你沒有配合老師先坐下不要理那張海報。」這時小克點點頭表示願意道歉。

若當時可以看見他願意道歉的柔軟度，適時給予鼓勵，也許可以幫助小克看見自己的柔軟。然而面對小克的道歉，我說：「不是和我道歉，而是和大家道歉。因為剛剛你的行為影響到大家上課了。」於是，小克便起立向大家道歉。

我問大家是否願意原諒他。少部分的孩子表示不願意。我說，如果別人不願意的話，代表他真的很在意，你可能要再道歉一次。小克開始表情僵硬，臉上出現生氣的情緒，但同時也在壓抑。這時，坐在小克前的小乖同學轉頭對小克笑，小克對他說：「笑甚麼笑！」兩個人眼看就要吵起來了。

當下我才發覺，身為新手老師的我並不知道，如何引導孩子學習原諒和道歉，也不知道起了一個道歉的頭要怎麼收拾。當僵局出現時，我就像平常遇到衝突那樣，開始不自在，但心中很明確的知道我該引導孩子學習道歉與原諒。這時我想起之前參加阿德勒心靈導師研習時，一位老師說的一個有關道歉的故事。

我決定嘗試那位老師的辦法，於是我開始說起那個故事：「一位老師穿著高跟鞋，在捷運站踩到別人。踩到的當下，她跟那個人道歉，那人很生氣地罵她。她接二連三地道歉了三次，最後別人才原諒她。她說，就是要道歉到別人願意原諒她為止。」我告訴孩子，如果我們做了讓別人受傷或不舒服的事情，我們要想辦法道歉，如果別人不原諒，也許我們要再更誠懇地道歉幾次，然後可以詢問別人希望我們怎麼做對方會好一些。

不久到了下課時間。我對小克說：「小克你是個很認真的小孩，我知道你想幫忙固定海報。但是到後來，你影響到大家上課，大家不原諒你，你該怎麼辦？」

「再道歉一次。」

「對啊！那你們兩個剛剛怎麼了？」我問。

小克：「就是他笑我啊！」

我問小乖：「小克覺得你剛剛在笑他。」

小乖回答：「我沒有，我只是說叫他不要裝那個可愛的聲音。」

我說：「他這樣讓你覺得不舒服？」

小乖說：「也沒有，只是覺得有點奇怪。」

我說：「你覺得他那樣的聲音讓你覺得有點奇怪。」小乖點點頭。

我告訴小乖：「也許你可以好好對小克說出你的感覺，他就知道你的意思了。」

小乖露出害羞又靦腆的笑容說：「我覺得你的那個聲音有點奇怪。」

小克原本憤憤不平的情緒在聽到小乖的想法後，居然馬上笑出來，兩個人笑成一片。

我問小克：「那現在該怎麼做呢？」

小克主動再次道歉，這次還加上鞠躬敬禮。這時兩個人一下子就和好了，兩個孩子都露出原本屬於他們的天真笑容，剛剛的事情彷彿沒有發生過。然後，我說：「你好像還要跟另一個人道歉耶。」

小克說：「老師，對不起。」

我說：「剛剛老師有一點生氣。因為老師一直提醒你，你都不理我，我好難過。」小克就撒嬌地向我對不起。這時我心裡默默地覺得有種成就感，他居然也接受老師的情緒，也懂得回應。之前我總是苦惱於他脾氣很衝，每次遇到他鬧脾氣，我都有點不知道要怎麼溝通處理。但是這次，我試著堅定立場面對僵局，勇敢地對小克表示，我不喜歡他的行為，並讓小克知道我的心理感受以及不舒服。

過去的我會擔心，如果表現出我生氣了，小克會不會情緒失控，造成無法收拾的局面。然而，透過這次我發現到，因為過去這幾個月的同理與鼓勵，讓小克知道老師也很努力在理解他的感受，同時也看到他是一個很棒的孩子，發現他很熱心的地方，而且老師也很喜歡他。建立起和他的關係，他便願意理解老師為甚麼生氣，也會明白我針對的並不是他，而是他的行為。

終於，我可以勇敢表達我的想法與感受，讓他知道，老師有時候也會因為他的行為而不高興。我認為，有時候還是需要讓孩子知道，老師也會覺得不舒服或不高興，不能因為害怕衝突而完全都順著孩子。

透過團體討論聽見孩子的智慧

在阿德勒心靈導師研習活動的後期，我學到一種班級經營方式叫作「團體討論」。同期的夥伴有人照這個概念去執行，並且錄音打成逐字稿，帶回來和我們分享。

這位老師利用提問一層一層地陪同孩子思考「朋友」的意義，讓我感到驚豔。取代說教的方式，讓孩子從自己口中說出他們所認同的事情，在討論中建立起認知，並透過價值澄清、定義甚麼樣的人是真正的朋友。於是我也嘗試和孩子做團體討論。

這天一上課，小克就直說好想吃餅乾，手上握著一條圓筒狀的零食。他在等我的反應，一邊偷瞄我，一邊準備要吃了。起初，我說：「你知道上課不可以吃東西的。」他便回我可是好想吃，又一副準備要吃了的模樣，我想他在觀察老師反應如何。

突然一個念頭閃過，想起了團體討論。我心想：「何不試試?!」

我開始對小朋友提問：「想吃餅乾的小朋友請舉手！」全班有一半以上的小朋友都舉手。有人說是因為老師前一節下課才發給大家，都還沒有時間吃就上課了，所以大家都很想吃。

我接著問：「那有沒有人是很想吃餅乾，但又忍住不吃的。」果然有一些小朋友舉手。

於是，我再問：「這些很想吃餅乾，但是又可以忍住不吃的小朋友，不知道你們是用甚麼方法可以忍住不吃的呢？」

「就假裝沒有拿餅乾。」

「上課本來就不可以吃餅乾，不然會被老師罵。多倒楣。」

「上課不可以吃東西，要遵守規矩。」

「我假裝餅乾是垃圾，因為餅乾吃完，包裝紙就變成垃圾了。」

「我假裝餅乾裡面沒有東西。」

「我把餅乾藏在抽屜，看不到就不會想吃了。」

我一邊聽小朋友的答案，一邊偷笑，真是太可愛了。假裝沒有餅乾？大家在舉手發言時，也給了小克很多解決「想吃餅乾」的策略了。

我接著說：「哇，謝謝這麼多小朋友分享的方法。原來把餅乾藏起來也可以讓人不會去想餅乾。

此時我觀察小克，他看起來好像比剛剛穩定些。於是我趕緊再給予鼓勵說：「看起來剛剛大家提供的方法，真的有幫助到想吃餅乾的同學，讓他找到方法可以忍耐到下課才吃。老師也看到小克有進步，可以忍住不吃餅乾，不需要別人提醒喔！」

結果，小克真的忍到下課才想起餅乾。

結合團體討論和鼓勵真的很有趣！沒想到這方法能幫助情緒容易起伏的小克長出自制力。但是，雖然找到了新的方法可以幫助孩子，心中感到雀躍，我卻總說不上來哪裡不對。感覺好像沒辦法深入地與孩子討論，只是停留在表面。

直到後來請教其他老師之後才知道。原來，我在「團體討論」中，不自覺地加入教條式的解釋。而沒有以小朋友的觀點去思考，因此阻礙了孩子的理解。此外，舉例也沒有跟著小朋友的生活經驗與思考脈絡，如果讓小朋友來舉例，讓他們說出他們生活中的知識，這樣對他們既有意義，內容也是他們所能認同的，如此才能主動建構知識而不是被灌輸教條。

同理幫助孩子思考

這個班級有另一個學生，小霖，他在一年級下學期轉入。對於老師說的話，經常故意唱反調或說出挑戰老師的言語，像是：「你是壞老師！」或是「連這個你都不會，你還當老師？」等等。

一開始，我以為他在故意激怒師長。但是我盡量提早到教室，找機會與小霖聊天，看看他們下課在做甚麼，聽他說話，給予他一些小任務並且感謝他的協助。經過一段時間的相處，建立關係後，小霖漸漸地就較少說出這樣的話了。

這天，小克在上課時，沒有舉手就直接說話。小霖馬上接著說：「小克是壞小孩，今天早上不乖！」

聽得出來小霖是好意，但是我一直都告誡孩子，如果不希望別人公開評論自己，自己也不可如此待人，應該練習管理自己，因此我走過去請小霖安靜，表示我知道他是好意，但是他這樣說我覺得不是很好，請他不要這樣說。結果，小克聽到小霖的話相當生氣，衝到講台上，拿起粉筆把小霖的號碼記在「不乖的地方」，並且畫了最少十個正字記號，再怒氣沖沖地走回位子上。

眼看衝突一觸即發，這不馬上處理不行，我讓其他小孩開始做作業本中的練習，並請小克過來與我談談。當下我告訴自己，我必須冷靜，他需要被理解。因此我沒有罵他，只是想試著同理他的感受。

我說：「你不喜歡小霖那樣說你。」

小克：「對啊。他不乖，他亂說。」

奇妙的是，平常脾氣會鬧很久的他，怒氣馬上就降下來許多。

我接著說：「他那樣說讓你不高興。」

小克回答：「所以我才記他很多叉叉。」

我問：「你很不喜歡他那樣說你？」

小克：「我不喜歡他說我不乖。」

我問：「那後來你做了甚麼呢？」

小克：「我記他很多叉叉。」

這時，小克的情緒已經好多了。

我試著揣摩小克的心情並整理：「你很生氣他這樣說你，所以你就跑到講台上記他叉叉。」小克點點頭。我接著問：「所以生氣，就可以跑到台上記別人叉叉嗎？」小克居然露出不好意思的表情，表現出他知道他是不對的。

我當下很驚訝，心想，也許是建立關係已經一段時間了，所以小克對我的信任感增加，也就不像一開始那樣僵持，願意聽我說了。

我問小克：「那你打算怎麼做呢？」

小克回答我：「和他道歉。」

當小克說出他願意道歉，我便開始運用鼓勵說：「老師覺得你越來越懂事了，你很有勇氣道歉。老師看到你剛剛原本很生氣，但是你很努力地說出你的感覺，讓別人更了解你，而且還能認真思考自己的行為，勇於認錯。老師真的覺得你進步好多。我很欣賞你的進步！」

小克露出他那天真可愛的酒窩。我知道我們的關係越來越靠近，孩子也越來越信任我了。

平時小克的情緒，會需要更多時間才能平復下來。而這次，因為被同理，孩子的情緒被理解，好像有人了解他，那份難過傷心就被分擔了，而回到原本可以理性思考溝通的狀態。而最後的鼓勵，則讓孩子在經驗中，再次找回信心，看見自己的進步與能力。

由於小克這次的表現，讓我相信不斷地鼓勵、同理可以幫助我們和孩子建立關係。在關係建立後，與孩子的溝通也會越來越好。

阿德勒的輔導研習讓我打開心的窗

印象很深刻的是，某次在一個研習場合聽到：「一位老師要能資深，最少都要教個三、五年才能大概熟悉教學的流程。」

確實，身為一個新手老師的我，教學資歷才兩年半。學生大概都比我還會看老師，知道哪個老師比較嚴謹，哪個老師比較有彈性和空間，哪個老師比較抓不到原則的底線。而我，就是屬於後者。別說是原則的底線，我大概連經營班級都有困難。所以，當老師的方法有限的時候，就會用最簡單最快的辦法解決當下的狀況，但那通常不是最好又最長遠的辦法。

剛開始教書的第一年，記得是第一個學期，覺得孩子們真是太可愛了，而我卻不知道如何與孩子設立界線與規矩，班級因此相當吵鬧，教學的效果也不是太好。第一學期後期，我開始使用教師權威，強制要求小朋友做到我認為對的、該做的事情。但真正遇到家庭狀況特殊的孩子時，這個方法就一點也不管用了。只能看著那可愛的孩子露出無助又無奈的眼神，卻甚麼忙也幫不上，這令我感到無助。

因緣巧合之下，我參加了阿德勒心靈導師研習。參加阿德勒研習像是一場旅行，沿途的風景使我變得不同。過程中，我認識鼓勵，看見進步與信任。原以為，鼓勵是說些安慰的話語，或是給予建議，表達關心。卻沒想到，在鼓勵的過程中，我學會看到以往看不到的小進步。縱使結果不如預期，但只要有進步，就表示有成長，也代表自己越來越好。面對困難的勇氣，因此而生。

在鼓勵中，我發現自己對於他人並不信任，因此開始嘗試相信別人，相信孩子的能力，信任自己也信任別人。

擺脫「比較」，更是我新生的開始。當我可以不再和別人比較，就得到了一種解脫，放下競爭心，而把目標轉向自己，超越自己，比昨天的自己更好，就是一件值得令人開心的事。

更重要的是，我看到了自己的價值，不需要透過贏他人、貶低他人來證明自己。相同地，我也看見了孩子超越自己的價值。

曾經，我也害怕面對失敗，覺得自卑、不夠好。但後來，我才知道，面對失敗是需要勇氣的。面對失敗或挫折時，你會對自己感到失望、沮喪或想逃避。然而，由於擁有了鼓勵的能量，便能夠理解失敗也是一種過程。

過程中的學習才最有價值。現在即使會因失敗而感到傷心難過，但也會努力找到正面思考的角度，樂觀面對現況，再繼續努力，明白接納自己的不完美也是一種鼓勵和肯定。

但是一開始學習鼓勵，根本沒有意識到「接納」這件事情。隨著時間拉長，才發現接納原來是情感溝通的橋樑。接納自己很不容易，接納他人更不容易。我總是無法接受自己的不完美，對此感到自卑。但在看到每個微小的進步後，終於明白，人就是在不完美中學習成長，學習接納自己的不足，與不完美的自己和平相處。

當我開始接納自己，也逐漸開始學會接納孩子，努力去看見他們好的地方。對於他們的不足，也能同理了，自然相處的品質也提高了。

此外，我重新認識溝通，學習運用「我訊息」，以他人的角度去了解別人的立場、想法和感受，練習傾聽的能力，並以同理心的方式，說出對方的感受與想法後，再說出自己的看法。

我才明白溝通不是只說自己想說的，更要傾聽孩子，找到與孩子連接的橋樑，要去思考孩子行為背後的目的和出發點是甚麼。在第一時間減少情緒化的反應，做出理性的判斷，並運用同理心和耐心理解當事人的狀況。

很多時候，孩子真的不是不願意或是故意，他們只是需要我們理解和協助。只要能夠得到理解和協助，大多數的孩子都會表現得很好，而且每個孩子都希望自己成為一個受人歡迎的好孩子。

過去一直以為鼓勵是一種話語，是一種技術。因此只要說出肯定與進步即是鼓勵。後來開始意識到鼓勵是一種態度，是一種正向溫暖的氛圍，散發出像太陽般的能量。但現在，我認為鼓勵是一種價值觀，是一種看待事物可以具備更多面向的思考，可以保持理解事物的彈性，可以放下自己的立場與主觀，找到事物正面的價值與意義，再表現出來給予回饋。

而這正是身為人師需要有的價值，也是孩子需要被理解的方式。

蔡艾倫

我想一般人的心理可能和我一樣糾結，「只有兩年半年資的老師」可以參與出書?!是的，在阿德勒心理學的世界，接納自己的狀態、面對自卑就是我們不斷在學習的，先學會接納自己才能長出同理並接納孩子。我是年資極短的新手老師，因此我呈現的內容可能不如資深老師般擁有豐厚的經驗，與讀者分享如何陪伴孩子，取而代之的是新手老師的焦慮，我如何接納同理自己，如何看見自己的成長。而我很感恩這一切學習的過程，讓我們成為更好的老師。

【故事11】不管狂風暴雨，我願意大手牽小手

——張慧豐

我是當了老師才學會做老師的，過去所學的基本的理論，並不足以應付實際的班級狀況。教學活動包含了傳授知識及班級經營與輔導，剛開始教書時，腦子裡只有傳統的概念及方式，當孩子的行為有狀況時，必須去尋求解答及方法的我，才漸漸認識輔導的方法，透過不斷的進修與學習，進而潛移默化的改變自己與孩子相處的模式。然而孩子的狀況總是層出不窮，無準則可言，似乎都在考驗我、但同時也是在淬鍊我，藉由與孩子們共同生活的經驗，讓我更了解與孩子們的相處與因應之道。

引爆導火線的「舉手」

一年級上學期開學大約一個月時，某次上完國語課之後，小萱來找我說：「老師，我桌

上的作業簿不知道為甚麼溼了？」我一邊教她如何處理，也一邊忙著看其他孩子訂正功課。忽然間，小強將同學的桌椅又摔又踢，把桌椅弄得東倒西歪。此時，別的孩子也發現，他們桌上的作業簿也溼了。

我只急著要教孩子們處理桌子及善後，沒特別去想其中有別的事由。一陣忙亂後，我發現所有意外都是小強故意做的，他眼睛正張得大大地瞪著我！這是我第一次看到小強發洩情緒。

當下，我沒說任何話，先把小強的桌子移到講台邊，以防他又摔桌子。下一節是英文課，我坐在教室後面觀察他。他一開始是仍在憤怒的情緒當中，後來看到同學在玩好像很有趣的遊戲，吸引了他的注意力，漸漸地願意與同學一起參與活動，這才順利上完英文課。

下課後，我跟小強說：「等你不生氣了，就可以搬回你的桌子。如果你想告訴老師你為甚麼生氣，可以來跟我談談，這樣我才能幫你。」小強搬回了他的桌子之後來找我，直接告訴我說：「我在生你的氣。因為上課時，我舉手舉了很多次，想要發言，你都沒有給我發言的機會！」

我思考後並觀察了一下環境，小強的座位在角落的最右排第一個，從講台往下看的視線，並沒有辦法直接且清楚地看到他。於是，我讓小強站在講台上，換我去坐他的位置，這是為了讓他觀察，站在講臺上是否容易看得到我？他回答：不容易看到。

藉此我先讓小強了解我的處境並向他說明：「老師不是故意不叫你，只是剛好沒看到。下次我會特別注意你的。」接著再告訴他：「有事情可以說出來，只是生氣，或弄亂同學的東西，老師及同學都被你嚇到了，這樣做好嗎？」小強聽懂了我的意思，臉上浮現抱歉的表情，我便順勢讓他向同學道歉。

這件事發生之後，我詢問其他科任老師有關小強上課的情況。其他老師也說，小強很愛生氣。上課時，假如老師沒有點到他回答問題，他就會發脾氣。私底下，也詢問過小強母親，母親說小強從小脾氣就不好，在家裡也常與妹妹爭執，會對妹妹發脾氣，為了玩具與妹妹也會有摩擦。當他情緒不好時，會摔東西、玩具等，也會對妹妹動手。但如果母親嚴厲地糾正、勸導他，便會收斂一些。

和小強溝通要很有耐心，需要耗費很久的時間，他才會願意承認他做錯事。母親管教的方式，有時會用溝通，有時也會給予處罰與體罰。

根據他母親的說法，幼兒園時期的老師管教得很嚴格，會體罰小強，那時他的狀況比較少。我問小強，幼兒園老師是如何對待同學的呢，他回答：「會打人，很痛！」至於小強的父親並不負責管教孩子，小強形容自己的爸爸愛打電動，很少管他們。

想交朋友卻又自我中心的小強

由於小強的個子很瘦小，便被安排坐在教室中的第一排第一列。他的父母自行創業開工廠，另外有個就讀幼兒園的妹妹。住在他家附近的姑姑，會幫忙小強的父母接他下課。

小強的自我管理能力較差，都是隨意將書本放到書包裡，抽屜也時常亂七八糟的，常常遺失自己的所有物。就算被老師提醒要整理學用品，也不以為意。然而，他有一個特點，喜歡看故事書，而且看書時非常專注，下課時沒看完的故事書，上課還會繼續看，即使老師提醒他，仍依然故我，堅持要把書看完。小強的認字能力很好，拼音也很強，看書時是相當有耐心的。

小強上課時與老師的互動也不錯，會主動發言，但沒發言時，雙手會玩弄文具而且停不下來，直到老師提醒才會放開，過了沒幾秒鐘，又會拿起來玩。從先前的舉手事件後，我觀察小強，如果同學們舉手發言，老師沒點到他而是點其他同學回答，他就會嘟著嘴生氣。

小強的課業成績表現還不錯，但是不喜歡寫字，字跡潦草，對於人際關係的經營也較弱，不會主動與同學玩耍。由於他的個性強勢，在玩遊戲時，同學如果不依他的意見，就會翻臉弄亂遊戲器材，讓同學無法繼續玩下去。而如果他想加入遊戲，同學卻不理他，就會干擾遊戲的進行，讓大家都玩不下去。

在進行活動時，同學只不過是不小心碰到小強的身體或物品，他就會馬上動手打人，讓同學覺得莫名其妙。而且，想和他一起玩的同學，如果無意間抱住他的身體的話，會被他一腳踢開。當他生氣時，不管是別人的還是自己的東西，都會拿起來摔，甚至有時候還會拿起教室的椅子、防鼠木條，作勢要攻擊人，但都被高大的同學擋下來。

一年級剛開學時，小強下課時間都待在教室裡。我跟小強說：「下課時間，可以找同學或別班的朋友一起出去玩喔，都待在教室裡很無聊呀！」他回答：「我沒有朋友。」我要他想想看，是否有幼兒園的同學現在被編在別班，但他仍是搖頭說：「沒有，我只有在家裡會和妹妹玩。妹妹是我的玩伴。」如果在課堂要分享有關跟朋友一起做的事，小強就會強調他沒有朋友，沒有辦法跟大家分享。

然而，他卻常常會主動來找我聊天，並且問我一些他在書上看到的問題，有故事類、植物類的書等等。

遺失筆的挫敗

自我管理能力不佳的小強，經常遺失學用品，抽屜不用說，往往是一團亂。提醒他該整理了，下課後往往就忘了我的叮嚀，除非我在旁盯著他，他才願意動手做。

此外，如果小強把自己的物品借給其他同學，當他想要取回時，卻發現同學搞丟了他的物品，就會以出手打人來處理他的失望。情緒不好時他會趴在桌子上，一開始不知情的同學以為他睡著了，好心拍他肩膀，叫他起來上課，反而被他打。他特別在意的事，也一定要別人對他有所回應，如果不關注他，他立刻就發怒。

而同學和小強玩耍時，如果有出其不意的身體動作，他會以為同學要侵犯他，馬上反擊對方，同學來跟我告狀說他打人的事件層出不窮。

小強與同學的互動都以自己的看法為主，每當他有情緒時，靠近他的人都會遭受池魚之殃。我必須要花很多時間與他溝通，人與人之間的接觸，不是都像他所想的那樣，我了解他處在負面情緒之中時，別人的舉動會引起他的不悅。

於是我把雙方都叫來，除了釐清事實，也藉機告訴小強：

「同學想和你玩，當你的身體被碰觸時，可能會覺得不舒服。這時候你可以告訴對方，你的身體被碰到了，覺得很不舒服，這樣也可以讓同學有機會說為甚麼他會碰到你的身體呢？同學因為你的提醒之後，能知道自己是否做錯了，才可以向你道歉。如果是直接用打人來處理不舒服的感覺，同學會覺得莫名其妙喔！」

漸漸地，我看到小強的進步。當他找不到東西時，不再是立刻發脾氣，而是會先來問我，前一天下午是不是有課後班來借用教室，是不是有同學不小心拿走他的學用品了呢。我會當著他的面，請班上有參加課後班的孩子，去問問別班來我們班上課的同學，坐他的位子的人，是否有看到他的學用品？有時候可以幸運找到，但有時候還是找不到。

某次早自修時，小強跑來跟我說，他的自動鉛筆不見了，又問課後班的人是否動過他的抽屜？我說昨天沒有課後班，請他再找找看抽屜、書包、櫃子等地方，小強說他都找過了，還是沒有找到……

我想起前一天上課時，小強一直在玩筆，提醒他收起來之後，剛好看到他收進抽屜裡了，於是請他再多找一下。小強認真地找了很多次，但還是找不到，怒意便漸漸高漲起來。他先把桌上的作業簿摔甩了出去，簿子差點打到同學，同學於是來跟我報告，說小強在摔東西，制止他也沒有用，他反而摔了更多東西。

我對小強說：「昨天放學之後你去足球班上課，有沒有可能是在那裡弄丟的？」他回答我：「不可能！」

我又說：「剛剛摔的東西請自己收好，如果再摔，我會收到資源回收桶。」

小強沒繼續摔了，但不久後就衝出教室。我走去走廊關心，看見他往廁所的方向跑去。以為他要去廁所的我，心想如果此時我追上去，問他為何沒報告老師就衝出教室，以他的個性應該也不會理我，便沒叫住他。

沒想到，一直到早自修結束，小強仍然沒回教室，我心裡覺得不安，請同學去廁所喊他，同學們回來報告我說：沒人回應。我再去廁所看一下，確實是沒人！當時我心中又是忐忑不安又是擔心，才一年級的孩子，會跑到哪裡去了呢？正想請學務處廣播找人時，教室電話就響了，原來他竟然跑回家了！

我始料未及，自動筆的遺失，居然引起他這麼大的反彈，而且我從來未曾遇過學生，竟然在課堂當中，私自跑回家，更何況還是個上下學都需要家人接送的孩子。

小強的母親打電話來，說他回到家就一直哭一直哭，無論怎麼問，就是不說話。覺得奇怪的母親說，他這樣一個人走回家是第一次，想問我究竟發生了甚麼事？我解釋，因為他的自動鉛筆不見了，而且一直找不到，就發脾氣摔書本。小強的母親覺得好氣又好笑地說：「難怪不管怎麼問，他都不說話，以前要是受了委屈，一定會主動說明原因。這次原來是自己把文具遺失了啊！」

後來，小強的母親再把他帶回學校上課。但如今回想起來，當孩子跑出教室時，我判斷錯誤，沒叫住小強。如果他自己跑出校門，發生了意外，那可能會鑄成更大的憾事。當時，我應該跟在小強後面，觀察他的動向，或是請學校其他老師幫忙才是。

母親帶著小強回到學校後，剛好當天有英文的戶外課，我在教室等小強，問他要不要去司令台上英文戶外課？他回答不要。在旁邊幫忙整理他的抽屜及學用品的母親，溫柔地告訴他，你都丟三落四，東西當然會常常遺失呀！

由於遺失物品的情形常常發生，而他的脾氣，也令母親相當苦惱，她也知道打罵並非是有效的方法。所以，母親非常有耐心地和小強談了一節課，小強一直抱著母親，還是搖頭強調今天不想上課。母親對小強說，她要上班，不能在家照顧他，並且告訴小強沒有正當理由，老師是不會准假的。我在旁邊幫腔：「沒有生病或特殊情況，學校是不會同意請假的喔！」

當母親表示要離開去上班，小強還是一直哭，拉住媽媽，不讓她走。此時，我發現，小強是不是想藉機多與母親相處呢？我小聲地向母親詢問他的依賴行為，母親點頭說：「最近的確有點異樣，脾氣不好的他常發脾氣，在家族聚會當中，姑姑及親戚都比較疼妹妹，可能他心裡有了不平衡，想要引人注意。」我告訴她，要堅持小強上課，如果妥協了，他下次還會有這種情形。小強的母親示意說她了解的。

接下來是我的上課時間，但小強還是堅持不上課。其他孩子都回到班上了，於是母親把小強帶到走廊，繼續和他溝通，大約過了十幾分鐘，小強彷彿若無其事般地回到教室坐好，我也當作沒事發生，照常上課。接著小強參與課程與全班互動，就像完全沒發生過任何事情一樣。

後來我與小強的母親聯繫，問她是如何與孩子達成協議的？她說：「我堅決地告訴孩子，我必須要上班。下班後，會儘快去安親班接他回家。」他這才點頭，回到教室上課。

安撫孩子的情緒，需要時間，如果當天沒有家長在旁協助，我又必須上課，更難和孩子當場溝通，這確實是教學現場的兩難狀況：課程需要繼續走，班上的其他孩子也需要照顧，老師難以即時處理個別孩子的狀況。

如果事件重新再來，我會對小強說：

「你很喜歡那枝自動筆，它不見了，你一定很難過吧？」

「老師也幫你一起再仔細找看看，好嗎？」

「如果真的沒找到，老師知道你是個勇敢懂事的孩子，不會生自己的氣喲！」

透過這次事件，我更加確定，大人不應該因為孩子的哭鬧而妥協，從頭到尾都要使用堅決而肯定的言語，以耐心等待孩子自己調節情緒。

也發現小強遇到事情時，需要有人陪伴，如果沒有人關注他，他會一直做出錯誤的舉動來引人注意。

在我學習了阿德勒的個體心理學，加上兩年的阿德勒心靈導師研習之後，學了一些基本技巧：同理心、鼓勵、我訊息……等。我遇到狀況時，懂得如何觀察，並同理孩子的心情。

過去的我，可能會認為怎麼有這麼頑劣的孩子？會用大聲斥責的方式，並嚴厲處罰他。為了引起老師的注意，小強用錯誤的方式在挑戰我的底線，我不能就這樣與孩子一同陷入惡劣的情緒當中。因此，有時候不是直接處理事件，而是先讓孩子冷靜，再安撫他的情緒，接著讓孩子了解我的處境，好好向他說明原由，讓他能夠充分理解事情的樣貌。

放學後的沉默

某天的午餐水果是香蕉，我在放學時才發給孩子們。大家在排隊時，一個孩子拿著香蕉，面對著小強，在他眼前晃過那根香蕉，小強一手就把香蕉拿走，並折斷成兩截。我問小強：「為甚麼這樣做？他對你做了甚麼事？或說了甚麼話嗎？」小強說不出任何原因。

那時快放學了，我只急著提出解決方法，我說：「你自己也有一根完整的香蕉，該拿出來賠給人家。」但他卻搖著頭表示不願意。我再告訴小強：「如果不願意賠人家你現有的香蕉，也應該要用零用錢再買一根香蕉來賠。」但他還是沒有回應。

我帶著全班路隊去校門口，由於小強還要繼續上放學後的足球課，經過學務處時，我請學務處的老師暫時幫我看著小強，等我將其他孩子都送出校門了，再回來和他溝通。學務處老師和他溝通了很久，覺得這孩子很是固執，聽不進別人的話，非常堅持自己的想法，建議請輔導室的老師來輔導。接下來，我觀察了他整節足球課，他幾乎都沒上課，只是坐在一旁生悶氣。

回想當時，由於放學在即，我急於趕著讓其他學生順利被接送回家或去安親班，加上當時小強一直都不說話，只好直接提出解決問題的辦法（賠同學一根香蕉），無法馬上和這孩子好好溝通，使得問題無法獲得解決，即使後來學務處老師介入，結果也是一樣，小強都沒有做任何回應，仍是不說一句話。據媽媽說，當小強知道自己做錯事時，往往會沉默不語。

假如時間允許，我應該這樣慢慢引導他：

「你現在的心裡是生氣嗎？還是害怕？」

「老師很想知道，折斷人家的香蕉是為了甚麼？一定有甚麼原因，你才要這麼做？」

「如果你的香蕉被別人折斷，你會有甚麼感受？」

藉由一些提問，讓他一步步陳述過程，由孩子自己釐清事情的內容以及分析事情的樣貌，才能引導出有效的解決方法。

難以承受的「重」

上美勞課時，畫完圖畫後，同學說小強的畫很難看，好像一坨大便，小強一聽就馬上哭了，趴在桌上。

我看到小強的反應，在我看來，這又是一種進步。他並沒有對同學說任何話或做任何肢體動作，相較於他過去的反應，算是改善多了。

這時候由於已經是下午第六節的課，接著就是最後一堂課第七節，依小強的慣例，如果有人此時叫他或拍他身體的話，我擔心他會以為同學擾亂他，就攻擊同學，所以我沒叫他，並且對其他孩子說，暫時不要叫小強，讓他休息。不料，小強竟然睡著了，一直睡到放學。我叫他，他才醒過來。隔天等他心情平復時，我問他為甚麼趴在桌上而且睡著了，他只笑著說，他忘記了。

小強很在意別人對他的看法，一旦有人批評他，他的情緒會很快的高漲起來，所以當他趴在桌上時，我想著讓他緩和一下情緒，沒想到他卻睡著了。

我後來回想，其實，當時我應該在旁邊輕輕地同理他的情緒，「被同學批評圖畫畫得不好，一定覺得很委屈又難過吧，上課時老師有看到你很認真的畫圖，老師知道你已經盡力了。」免得讓他睡著了，隔天不想再談這件事。

有一回上國語課時，全班在練習口語造新詞。小強主動舉手要造詞——「陣」字。一向反應很迅速的他，卻想了很久，才支支吾吾造出「一陣」來。回答的只是課本裡的語詞，並不奇特。由於他平時反應很快，總是讓同學讚嘆他的答案是那麼的令人驚奇。當時大家等待幾秒之後，聽到的卻是普通的答案，於是有同學隨口說，答案沒甚麼特別嘛——意思是有點嫌他造得這麼慢，而且語詞也沒有特色。

聽到同學這麼說的小強，因為無法忍受別人直接批評他，又出手打人了。雖然只是淡淡的一句話，卻像沉重的大石頭往他心裡頭壓，真是難以承受的「重」呀！

我跟小強說：

「如果有同學剛好說了我們不喜歡聽的話，可以告訴同學，『我在努力想答案，心情很緊張，不要再說一些難聽的話，讓我的不舒服更增加，每個人都會有失誤的時候呀！』把自己的心情說出來，讓同學明白你的處境，他們自己也會發現說錯話了，就不會再說其他抱怨的話了。你使用暴力，用打人來處理自己的不愉快，如果大家都這樣打人，用暴力解決事情的話，這樣同學間不就彼此打來打去呢！教室裡一定會變得亂七八糟，沒有任何秩序，老師相信你也不希望同學用打人這個方式來對待你吧！」小強聽了也點頭表示同意。

事情才過了一兩天，有同學下課時和他一起下象棋，正要向我抱怨小強下象棋不認輸，不遵守規則，他竟一手把整個棋盤搗亂，接著馬上又用手搗住那位同學的嘴巴，企圖不讓別人家來告他狀。媽媽說，其實小強都知道自己這些行為都是不對的，可是當情緒一上來時，他無法控制自己的行為，總是用打人來發洩，真不知該如何教他。

這時候我應該讓孩子了解：

「原本快快樂樂在下棋，不小心卻輸了，這樣的氣餒，的確讓人心裡很難過。」

「我猜你是一時不知道該怎麼辦？所以才搗亂棋盤。」

「下次再有這種感覺的時候，我們是不是一起想個辦法，看看如何來解決呢。」

「如果心情不好就搗亂，同學下次可能不會想再和你下棋了呀！」

綜合以上這些事件看來，小強是個情緒自我管理能力較差的孩子，常常一不順心，就拳頭以對。不過事後他都能了解自己的錯誤是甚麼，只是情緒一來的當下，他克制不了自己。

後來，當小強遇到不如己意的狀況時，漸漸地，他的反應是趴在桌子上，先自己調整情緒，而不是馬上打人。看到小強有進步，讓我擔心又煩心的心稍稍減弱。雖然在事件發生的當下，他不會馬上道歉，等過了一節課，以及透過我有條有理的分析讓他了解之後，一旦情緒平穩緩和了，他就會願意向同學道歉，承認自己的行為是不合適的。

又有一次，同學說他字寫得很醜，還說他連自己的東西都不會整理，難怪常常遺失物品，他看似就要變臉生氣了，見狀我做了深呼吸的動作提示他，並且教導他：

「當你生氣時，可以一次又一次，先慢慢深呼吸，緩和一下情緒，讓心裡不舒服的感覺一直變少。」（其實，我自己也在深呼吸中。）

「慢慢的，你會發現，心裡沒那麼氣了。」

「你再告訴同學，他的話會令你生氣、難過。」

「同學並不是故意要讓你生氣，大都是無心的。」

「你可以及時讓別人了解你的不舒服，但同時要讓人家有機會說清楚和講明白事情的過程與內容。」

「你一定也不喜歡別人打你吧！」

「一下子就出手打人，事情好像也沒有解決呀！」

小強這個孩子，我評估多一個人關心他應該會更好，因此我申請了輔導老師與我互相配合，利用繪本故事，加強他的同理心，並針對他的生氣行為制定改變策略。我配合輔導老師，觀察他與他人互動發生摩擦時的解決方式，是否可以在情緒已經高漲的狀況下，還能記起老師們的叮嚀以及教導他的處理方式，讓情緒的反應，不再是直接轉換成暴力或衝動行事。

漸漸地，小強的情緒波動比較緩和了，打人的情況明顯減少，持續在努力與進步中。

接納孩子的難過，孩子才能改變

老師在學校中，教學與照顧孩子兩邊都得兼顧，事情一多，如果又碰到無法控制自己情緒的孩子，自己難免也快要抓狂。在引導小強的過程中，我一方面也在學習控制情緒的方法，一方面也常在自我對話。

孩子如果沒有具備接受「失望和挫折」的能力，就會任由情緒主宰自己的行為，我們大人也是一樣。接納孩子的難過，孩子才能漸漸成長。而在教學現場中，步調如此緊湊，要隨著教學的腳步前進，還是暫緩所有教學活動來處理孩子的情緒，是身為第一線老師必須面對的臨場機智。

引導孩子的訣竅，我仍在不斷學習中。當見到孩子的狀況慢慢改善，漸至佳境時，便成為老師們能持續下去的動力。

張慧豐

大學是讀商學院，研究所是讀建築所，而我現在卻從事教職，似乎並沒有學以致用。但在我職涯的前十年，我是學以致用的，二十年前轉換跑道教書，才與學歷無法連結。這幾年，學了阿德勒的心理學，讓我相見恨晚，如果二十年前就遇見阿德勒，我的小孩也能受用，但，沒關係，一切都還來得及，我的學生都可以受用，我還是有揮灑的空間。

【故事12】水濂洞大王遇到阿德勒

——王震宇

「莊家，九點，通吃！」，「再來，再來，多壓一點啊，反正紅包錢那麼多……」。

這是我小時候過年時必上演的戲碼，但說話的人不是大人，對象也不是家人親戚，而是身為一個小學生的我，以及附近的鄰居小孩。

在除夕夜拿完紅包後，過年的這幾天，我就會召喚鄰居的小孩們一起賭博，一方面是家裡都沒人在，待在家裡沒意思，一方面是我總是可以要小聰明贏得所有小孩的錢，這讓我樂此不疲。

這樣的我，照理說，現在不是詐騙首領，也應該是角頭老大吧！

「江山易改，本性難移」是大家認為的真理。然而，個性是如何形成的？是先天遺傳？亦或是後天教育？真的無法改變嗎？阿德勒說：「其實不是『無法改變』，而是自己決定『不改變』。」

我從自己身上，看到了個性的改變。從聰明算計、驕傲自大變成大智若愚、謙虛善良；從唯利是圖、自私自利變成助人為樂、體貼他人。這怎麼可能？我也這麼懷疑著自己，到底是甚麼神蹟，可以讓一個人改變？

「師者，傳道、授業、解惑也。」但在我的生命過程中，老師的「愛」才真正給了我永恆的影響。雖然也曾遇過無法令我心服的老師，但遇到懂得賞識我、肯定我的老師，卻影響了我的一生。若不是老師「愛」的接納與包容，我怎能懂得生命的價值？怎能活出一個不一樣的自己？

曾經是個聰明但不乖的孩子

從小，我就是一個聰明卻不乖的調皮小孩。雖然常被打罵，但我每天都過得很快樂，似乎沒有人可以用外在力量改變內在的我。

看到許多老師為了不聽話的學生感到生氣煩惱，但學生似乎不會因為老師的責罰而有明顯的改進，依然故我，老師只好持續沉浸在憤怒、焦躁及痛苦中。

或許這是因為老師並沒有真正了解學生的問題根源，無法同理學生的心理，或是沒有掌握有效的教導方式，只是單純複製自己小時候被老師教導的模式，這當然無效。

老師，您忘了，您是從小優秀乖巧、聽話懂事的學生，不了解所謂「不乖的學生」。您現在使用的方式當然只會對乖學生有效，對不乖的學生是起不了甚麼作用的呢！

當我遇到不乖的學生時，總會想起自己小時候做過的壞事。

從五歲開始上幼稚園起，我每天都是自己一個人走路上學，中午在學校吃午餐，下午自己走路回家。很多小朋友會在中午時回家吃飯，而留在學校吃午餐的小朋友們，吃完飯就在園內自己玩。園內大門是欄杆式的，門內外的人都可以看到彼此，而午休時門是關著的，老師也都會去午睡。或許老師們認為我比較聰明機伶的緣故，總會交代我：「如果有小朋友回來，要幫忙開門。」

有些小朋友吃完午餐回園後，會帶著點心或飲料（如：養樂多），在大門外叫我開門。我會隔著大門對他們說：「給我點心的人，我才開門讓他進來。」小朋友乖乖給我點心後，我就會很得意地把門打開讓他們進來，小小年紀的我，已經學到控制別人的方法。

老師們午睡時，我還會帶領其他小朋友去廚房偷拿餅乾吃。當廚工媽媽在發餅乾時，我會留意她是從哪裡拿餅乾出來的。其他小朋友跟著我就有福利，所以他們都會聽我的命令，讓我嘗到當老大的滋味。說實在的，我不知道自己這種小聰明從哪裡學來，也不認為這樣做有甚麼大不了的。

父親長期在台北工作，而母親除了工作之外還必須照顧我和姊姊，幾乎沒甚麼時間教育我。我的生存之道除了從學校學之外（其實沒感覺到自己在學校學了甚麼），主要是靠自己和小朋友的互動中學習。

母親平時沒給我甚麼零用錢，在跟其他孩子玩的時候，看到別人有零食吃，總是令我羨慕不已。記得才小學三年級的我，想了一個辦法來解饞——偷媽媽藏在廚房裡的零錢去買零食。由於工作的需要，媽媽必須準備一袋袋的零錢來找給客人。每袋大約有一百個十元，我心想偷個一、二個銅板，媽媽應該不會發現吧。果真，第一次偷時，媽媽沒有發現。食髓知味的我，又偷了好幾個，大大滿足了口腹之欲。

如果孩子第一次做壞事沒被發現，就是在鼓勵他繼續做下去，他的膽子會越來越大，最後鋌而走險。

一個人在外面玩耍時，我也注意到，有某家商店的老闆每天下午大約一點至兩點左右沒客人時，他會上樓去睡午覺，而且不關上店門。觀察多天之後，我終於決定去偷他櫃台的零錢，得逞了好幾次。雖然偷的金額不大，約莫是幾十塊，卻養大了我的膽子。

有時候媽媽會交代我打掃家裡，像是擦擦桌子、掃掃地之類的。某次，我因為要擦櫃子而拿起一只花瓶，沒想到竟發現一張百元鈔票壓在花瓶底下。我想到了「將這張百元鈔移到另一個花瓶下」這樣的鬼點子，測試媽媽是否記得，如果她忘了，我就可以將這張一百元占為己有。媽媽真的是工作太忙了，她果真忘記有這張一百元了。可想而知，我的胃口已經從十幾二十元變成了百元。

記憶中，曾經被媽媽發現過我偷錢，也被打過。可能是媽媽發現得太晚，當時被挨打的疼痛感，已經無法取代我得手後享受物質的滿足感。

小學六年級時，班上正流行掌上型電動玩具，看著別人玩的我總是很羨慕，低聲下氣地跟男同學借，但總在玩不到幾分鐘就被催著歸還。恰巧外公有一次來家裡住幾天，我無意間看到外公拿了一疊厚厚的千元大鈔在手上，便靈機一動。放學後到玩具店問了價錢，一台要價一千零五十元，馬上想到外公有那麼多張千元大鈔，如果偷了一張他應該也不會發現。於是，我回家後趁他在睡覺時，真的從他掛在牆壁上的長褲口袋裡拿了一張千元大鈔，再飛也似地跑到玩具店買了心儀的電動玩具。

沒想到，隔天外公發現他口袋裡的千元鈔票少了一張，問了我媽之後，媽媽立刻想到可能是我偷的。我沒有否認，勃然大怒的媽媽，拿起菜刀要剁我的手，我害怕地一直哭泣並且躲避著。我記得，護著我的姊姊也跟著一直哭，要媽媽不要生氣。這是我印象最深刻的偷錢記憶。

童年時期，除了因為偷錢有過悲慘的回憶之外，其他做過的壞事卻讓我度過快樂的時光。為了吃到好吃的水果，我曾經和同夥一起去偷摘別人家的水果，去偷挖地瓜、偷抓雞，然後去烤土窯，吃得不亦樂乎。

運載製糖用甘蔗的火車，每天都會經過我們村子，因此我也會跟著大小孩去抽甘蔗。由於火車開得很慢，我們都等在最後兩節車廂通過時，鎖定好目標，用力抽出最突出的那一根甘蔗。每個人幾乎都可以得到戰利品，少數較小的孩子力氣太小，抽不出來，我們幾個年紀比較大的還會幫忙多抽幾支給他們，這就叫作有義氣嗎？或者是友情呢？我們不懂，只知道大家在一起的感覺很棒。

有一天，一個大孩子拿了一根竹竿，上面綁了一根鉤子。他說：「用抽的太慢了，我們用這根竹竿直接勾最上面的那一捆下來，大家都有得吃。」每個人都非常贊成，覺得這個點子實在太棒了。當火車來時，我們真的用這根竹竿勾下了一大捆甘蔗下來。

正當大家七手八腳地抱著甘蔗到空地吃時，突然有位警察出現了，說我們這樣的行為是偷竊，會被送到派出所。我們趕緊回答不知道會這麼嚴重，而且保證不會再這麼做了。他警告我們不可以再有下次，就放我們一馬。自此之後，我們再也沒做過。這件事令我明白，**當孩子做出錯誤行為時，若能夠適時適度給予提醒與寬恕，就可避免孩子一錯再錯。**

學校生活以及我所遇過的老師

小學一年級到四年級，我是不讀書的，只求把功課寫好，不被老師處罰即可。但五年級時，我遇到了一位嚴肅且相當認真的導師鍾宏仁。

在母姐日那天，鍾老師跟我媽媽說：「這個孩子很聰明，要讓她好好讀書，會很有成就的。」鄰居常常都是跟我媽說我壞話，當我聽到老師稱讚我好時，我簡直不敢相信自己有優點，甚至還覺得被肯定了。於是，我竟然開始讀起了書！

五年級第一次月考時，一舉考了全班第二名，嘗到成功的滋味，同學們都用崇拜的眼光看著我，讓我更有自信。然而，或許是太貪玩，第二次月考時社會科考得並不好，總成績算起來可能沒有前三名。但我竟膽大妄為，偷改了考卷分數，因此而拿了全班第二名。記得老師在公布成績時，還特別說：「王震宇這次社會考差了，只考了八十六分，不然可能會第一名喔！」天曉得，其實我是考了六十八分！

我以為，反正老師是讓我們自己填分數去計算，沒人會知道。但當老師說出了那句話後，四周的同學開始嘰嘰喳喳，似乎是在談論我的社會不是八十六分，但沒有一個人敢跟老師講。雖然心裡非常不安，但我還是拿了第二名的獎狀。

事後，偶爾會聽到同學在傳我考試分數的事，我羞愧到想趕快畢業。這是我第一次感到做壞事讓我難以自處。於是，往後的考試我都相當用功，完全憑實力取得好成績，直到畢業，每次都拿第一名。但也由於成績優秀，我變得非常驕傲自大。

六年級時，導師請了長假，來了一位代課女老師。第一天上數學課時，她在黑板教錯題目，我坐在位子上大膽的糾正老師的錯誤，沒想到老師竟然說：「都一樣，這就是換藥不換湯。」我回了一句：「應該是換湯不換藥吧！」老師馬上叫我罰站，理由是我說話沒舉手。

我心想，這是甚麼爛老師，亂教一通還呼嚨學生？從第一天起我就不把她放在眼裡。可能是我總對她不理不睬，不尊敬她，所以她也很討厭我。

某日，我穿了牛仔褲到學校，她在全班面前對我說：「妳的服裝不合規定，學校規定制服要穿藍色棉長褲，妳穿牛仔褲，我要扣妳的操行分數！」或許是我不在意分數，所以回她說：「我家只有這種褲子，隨便妳。」她聽了之後更生氣，也更討厭我了，卻拿我沒轍。

終於，她報復的機會來了。兒童節前要選模範生，照慣例都是讓同學推選，再投票表決。結果，我的票數最高，順理成章成為模範生代表，而第二高票的是另一位男同學。兒童節當天，學校朝會時要頒發模範生獎狀，司儀唸到我們班時，竟然是那位男同學的名字，全班譁然。只見代課老師催促著那位男同學上台領獎，男同學很高興地領到了獎狀及獎品，我只能黯然神傷。

回到教室，有同學問老師：「模範生不是王震宇嗎？」老師只是輕輕的回答：「她的操行分數太低，不能當模範生。」這使我更瞧不起這位代課老師。

在我的班上有一位男同學，家裡很有錢，但生性懦弱、成績又不太好，常常因為月考考不好而被母親打罵，但他母親似乎不知道學校甚麼時候會發成績單，就矇騙母親說還沒考試。當我知道他的狀況後，便成了我恐嚇他的把柄。只要他的成績不好，我就會恐嚇他，除非給我封口費，否則就要跟他母親講已經發成績單了。他的零用錢很多，我一次跟他勒索五十元輕而易舉，而他也願意給我，這成了我另一個取得金錢的管道。這件事直到畢業，都沒人發現。

我相信，在教育現場其實很多小孩之間有不正當的往來，或者不良行為的產生，而且是學校、老師及父母都沒有發現的，因為這小小的惡沒被發現及糾正，慢慢會茁壯成大奸大惡。

在孩子還小時，做了錯事立即教導是最有效的。等到孩子大了，尤其是到了五、六年級，要糾正他們所做的壞事，就不是用處罰、責罵便能發揮效果的，必須要用更多的技巧，重要的是**先能同理他們，給予情感上的支持，再去分析好壞對錯、利弊得失，讓他們自行思考，感覺到老師是真正為我好，而不是討厭我。老師的教導才可能發揮作用。**

在童年的無知世界裡，我做了許多自己開心但別人不一定能接受的事。只知道，我是別人眼中的壞小孩，但自己卻不在乎。直到小學五年級時遇見鍾老師，有了他的肯定，我才開始知道自己也可以很好。我很感謝鍾老師的啟蒙，而他對我的愛，也間接改變了我的未來。

五年級才一開始，鍾老師就看到我的亮點，除了讓我有了種「原來自己還不錯」的感覺外，心裡也一直很尊重他。雖然我後來偷偷做了不少壞事，但其實很怕鍾老師知道，就像偷改分數的那件事情，我心裡一直覺得鍾老師應該心知肚明，只是他不想直接責罵我，而是技巧性的對全班宣布我的社會科分數，讓我自己產生羞愧的心，也激發自己要真正努力讀書所得到的好成績才實在，我很敬佩他的智慧。

從小我就是個野孩子，體能算不錯，但要靜靜讀書寫字那是天方夜譚。五年級那年，學校有位體育老師成立了女子籃球隊，鍾老師一知道，就極力推薦我去參加，分散了我做壞事的精力，也開啟了我對籃球的興趣，因此，從高中後一直到研究所，我打了九年的籃球校隊。

我就讀的小學，每週升旗都會安排一次高年級生上台演講，六年級有一次升旗時，鍾老師走到我身邊，跟我說：「王震宇，下個月輪到我們班上台演講，就派妳去吧！」

我聽了簡直不敢相信，對老師說：「老師，我不行啦！五年級時派張巧雯上台講，她很會講，今年還是派她比較好。」

老師竟然說：「我知道她很會講，但是我覺得妳也可以上台，六年級是最後一次機會了，妳要上去試試看，就這樣決定囉！」

於是我開始自己寫演講稿，每天不斷練習，到了我上台那天，不知因為是天氣冷還是我太緊張了，一上台我就開始抖個不停，講完第一段直接跳到第三段。匆匆講完下台後，心跳呼吸還是非常急促。雖然這不是個成功的演講，但至今我仍很感謝鍾老師給我這個機會，並且願意肯定我、鼓勵我向上。

鍾老師總是在不著痕跡的情況下關心我，他知道我放學後常常一個人在外頭遊蕩，除了鼓勵我讀書，引介我加入女籃校隊練球，給我機會上台對全校演講，不時還會邀請包含我的幾位同學去他家裡作客，和他的孩子一起玩，這讓我感受到家的溫暖。

老師對我也相當了解，在畢業紀念冊上，他特地幫我簽了六個字「滿招損，謙受益」，當下我其實是不懂這六個字的意思，但在往後的成長經歷中，我漸漸嘗到驕傲自大為自己帶來的痛苦，也才更了解鍾老師為何要送我這六個字。

跟鍾老師的緣分真的令人難以置信。我考上代課老師那年，在分發的現場，有一位校長坐到我旁邊，跟我說：「等一下，上去填我的學校吧！」這位校長竟然就是我的高年級導師鍾宏仁！

因此，我的第一年教學生涯就在鍾校長的指導下奠定了基礎。雖然鍾老師已經過世，但在我心裡卻常常出現老師的聲音：「要努力當個好老師喔！」

甚麼都不懂的兒童，很快樂，只需想到自己，不用管別人，成天做自己想做的事就行，但到了青春期，所有痛苦、煩惱都來了。

從小感受不到家的溫暖的我，讓我想逃離這個家，我將情感的重心轉移到同儕，升學壓力也使我迷失了自己，跟著學校老師的規定讀書、考試，卻不知活著是為了甚麼？家庭和學校無法給我溫暖、關愛的感覺，我開始思考生活的意義是甚麼？卻沒人能為我解答。甚至，有時會有自殺的念頭。時常在想：快樂是甚麼？為甚麼我留不住快樂？

在我身上有好多矛盾點，分別來自於父母親給我的個性。我好討厭自己，也缺乏自信。雖然成績很好，卻沒有為我帶來一絲絲的幸福感。大學前的我都活在痛苦中，不管是友情還是愛情等人際關係，都讓我覺得很困難。上了大學後，我才開始重新學習，開拓自己的新人生。我花了很多力氣，努力改變自己。直到認識阿德勒，我才知道，我一直在追求的人生，就是阿德勒所謂的「有社會情懷的人生」。

剛上國中時，我開始展現出叛逆性格。對於母親專制、容易暴怒的態度，我因為無法與她抗衡，所以開始採取冷漠的反應。我的青春期是沒有笑容的，我不知道怎麼笑。我遇到的所有困難，都是靠自己解決，不會求助雙親。對我來說，那是個沒有愛的時期。

我羨慕同學家的溫暖、熱鬧，常常主動接近我喜歡的同學，希望他們把我當朋友，讓我能去他們家。我像個乞丐，乞討著別人給我一點關愛，那時，要我付出所有我都願意。但或許是性格上的缺失，我自私、高傲、不在乎別人的感受，當朋友與我相處得久一點之後，他們就不再喜歡我，並且開始遠離我，令我深受打擊，也更加沒有自信。而當時我卻不明白到底是為甚麼。

雖然我國中時成績不錯，但我並未因此感到快樂。老師們對待學生的態度，讓我更加討厭老師。當時是升學主義掛帥的時代，老師們不斷逼迫我們唸書，甚至用少一分打一下的方式對付我們。而且，我覺得老師很勢利，對成績好的學生都笑臉以對；對成績差的學生則是施以不屑的臉色。

記得，在國二升國三時，由於搬家必須轉學，學校的導師一直拜託我媽別讓我轉學，原因就是他們可能會少了一個考上雄女的升學績效名額。轉到新學校時，因為成績不錯，被編到A段女生的第一好班。或許導師在辦公室曾經跟其他老師談論到我這個轉學生成績不錯，所以大家都等著看我的表現。

第一次平時考，我的英文成績太差，只考了八十幾分，被所謂的女魔頭英文老師數落了一番，在被一邊打手心的同時，我一邊聽到她對全班說著：「妳考這個甚麼爛成績，我看連鳳中（當時的第三志願）都上不了，還想上雄女（當時的第一志願）?!死妖精、死人骨頭，留這甚麼頭髮（那時有髮禁，我卻沒夾頭髮）？我看妳也不是讀書的料。」這些話對我打擊甚大，我非常痛恨這位老師不尊重學生，只會令學生感到氣餒。對於所有成績差的學生，她都是如此對待。

然而，卻在國三第一次模擬考時，我考了全班第一名、全校第四名。可能由於我的理科比較強，所以成績突出。從此，她改變了對我的態度，常常笑著跟我說話，好像在巴結我，但我卻再也不把她放在眼裡。也就是這樣，我對英文從此興趣缺缺，變成所有科目中最不擅長的一科。由此可見一個老師影響學生之大呀！

為甚麼青春期的孩子喜歡和同儕在一起，卻不喜歡和父母、師長在一起呢？這是因為他們覺得長輩只會說教，有時還言行不一，實在令人鄙視。但同儕會不斷關心、陪伴、支持，以及提供具有鼓勵性的言語與行動。

和同儕共處會有安全感、歸屬感、信任感，彼此之間沒有強烈的對錯是非，只有互相關愛。青春期正值身體與思想開始快速發展的時期，孩子心裡有太多的害怕、恐懼與不安，可表面上卻又表現出無畏、狂妄及好強的樣子。因此，這時期的孩子需要更多耐心、包容與關愛的對待。

我在高中時很喜歡數學，這是由於前後遇到的兩位數學老師都很好。每次有問題去問她們，她們總是和顏悅色，很有耐心地解答。雖然高中數學很難，但我仍努力學習，甚至還將她們的照片放在書桌前。只要讀書讀累了，一抬頭看到她們的照片，就會提醒自己要振作，考取好成績，讓老師以我為榮。老師只要一個淺淺的笑容、一句關心的話語，就能夠溫暖學生的心，鼓勵學生努力向上。我就像是一匹千里馬，遇到了賞識我的伯樂，願意為了伯樂日行千里。

讓孩子感受到有人關心

在提及讓我頭痛的孩子之前，應該先說說自己頭痛的問題。

完成了碩士學業之後，我毅然決然投入教職。就讀研究所時，我發現自己其實是喜歡孩子的，也覺得教育是非常重要的工作，所以我努力完成了師資班學業及實習的規定後，順利考上正式教師，並進入光華國小任教。

當時，抱著要好好幫助學生這樣想法的我，卻還沒學到應有的教學技巧及策略。剛開始當導師時，因為不懂得如何經營班級，對一班三十位學生的吵鬧常常束手無策。雖然已經很努力地對學生好，卻仍免不了用打罵的方式對待他們。每當罵完、打完他們，心裡總是很後悔、沮喪。

記得有一次，我讓學生寫功課，自己在教室後面改作業，但沒過多久孩子們就開始吵鬧了起來。我跟他們說：「不要再講話了。」只稍微安靜一下，又開始吵鬧。大約說了兩次後，我終於忍不住，以藤條用力地敲打桌子，全班都嚇一跳，但也安靜了。

在我大罵過後，孩子們雖然暫時安靜下來，我在心裡卻感到相當後悔，做了那麼粗暴的舉動。當然，這樣的處理方式只是短暫有效，並沒有教會孩子要如何自理，吵鬧也不曾消失。孩子吵鬧、不聽我的話，常常成為我惡夢裡的情節。

第一次帶五年級的班，我理所當然認為高年級的孩子比較好教，說甚麼都聽得懂。有一次，我收作業時少了兩本，便問全班誰沒交，竟然沒有人回答我，我再問一次：「沒交的趕快舉手，否則我待會查出來，要狠狠打一下手心！（天呀！以為自己是誰？）」本以為學生應該會自己承認才對，但還是沒有人舉手。於是，我叫全班都站起來，然後一一看著作業本唱名，唱到名字的就可以坐下，最後只有兩位同學站著，一位是本來就很心不在焉的男生，另一位是平時很乖的女生。

話已說出，實難收回。我硬著頭皮要那兩位學生出來，拿了藤條狠狠用力各打了他們一下手心。沒想到，那女生含著眼淚，輕輕對我說：「我以為我交了。老師，為甚麼妳一定要用打的？」頓時，我心裡難過極了，卻說不出任何一句話。只是告訴自己，我要改變，我不想當這種老師。

這些年的教書生涯裡，我遇過許多不同的學生問題。在處理他們的問題時，也同時學習改進我自己的問題。

在當上老師之前，我知道要用愛心、耐心去對待學生，但不懂得方法，心常在教導學生時受到挫折，卻得不到效果，最後就回到上一輩教我們的方式——打罵。

這也是目前老師們的困擾，尤其現在教師法已明文規定禁止體罰。那麼老師還能用哪些方式教導令人頭痛的孩子呢？

在我曾經帶過的五年級班級中，有一個男生名叫小翰，他是班上年紀最大的學生。由於父母離異，他與外婆同住，人長得很帥的小翰，剛開始同學大多喜歡他，但或許他缺乏父母的愛，想法憤世嫉俗。

小翰不太理會同學，也常常看同學不順眼。脾氣暴躁，動不動就罵人、給人臉色看。因為他的個性，我跟他談了好幾次，為了處理他的不良行為費盡心力。有一次，我親眼看到他暴怒的模樣。他下課時間到教室外玩，一位女同學未經過他的同意，就坐在他的椅子上和後方的同學聊天。快上課時，他一進教室看到此景，走過去用力推了女同學坐著的椅子，並且很粗魯地對女同學說：「走開啦！白癡！」當下，我看到那女同學被他嚇哭了，不敢說話，趕快回到自己的位置。

我心中燃起一把怒火，想要好好修理他。

教室隔壁剛好是廁所，我命令他把他的椅子拿去廁所，要他在廁所等我。我立即安排好同學寫作業後，就到廁所去，準備修理他。一進廁所，看到他站在廁所裡，吊兒郎當地站著，我隨即拿起椅子兇狠地往地上砸，並大聲罵他：「站好啦！白癡！」可能是我的樣子太兇狠，所以他嚇了一跳。

接著，我又大聲罵他：「你以為你自己是誰？大爺喔！想怎樣就可以怎樣嗎？你以為長得帥、比人家年紀大就可以這樣對別人嗎？還是你覺得每個人都應該聽你的、順從你的想法？不要以為爸媽不在你身邊，你就很可憐，就理所當然地認為別人要同情你、對你好！」

或許因為我的語氣很重，當我說完話，他竟然流下了眼淚，我知道我說到了他的痛處。就如我們在書裡所讀到，**孩子的偏差行為有其目的，他的行為反應是因為缺乏愛，他想要得到別人的關心與重視，所以藉由粗魯地對待他人來引起注意。**

小翰常常會跟同學起爭執，我找他來問話時他都僅說片面之詞，或者將過錯推到別人身上。我再怎麼苦口婆心地勸誡都沒甚麼效果。有一次我突然靈機一動，跟他說我要錄音，將他說的話錄下來，待會再找同學來對證，聰明的他立刻改口，在錄音機前說出真正的事實。當然，我之後沒找同學來問話，也沒因為他承認自己做錯事而處罰他，只是告訴他和別人相處應該怎麼做。

也許他感受到老師接受他、真正關心他，是用愛在教育他，後來他也慢慢學會不再推卸責任，並且願意勇敢承認自己的錯誤。

五年級下學期，某天我送小翰回家時，恰巧遇到他的外婆，跟他外婆聊了許多有關小翰的事情。外婆很心疼他，但也對他的不良行為感到困擾，自認沒有能力教導他，一直拜託我好好教他。

其中，有一項就是他的偷竊行為，他會偷外婆的錢去打電動，外婆怎麼罵他也沒用。我思考著要如何告訴孩子，偷竊是非常不好的行為。於是在一次的課堂上，提及自己小時候曾經偷竊的故事，我看到好多學生都睜大眼睛注意聽我說，包括小翰。他們一定覺得，原來老師小時候也是這樣啊！老師一定很了解他們的心情。所以，當我曉以大義，說明一個人不怕錯，只怕不改過的重要性後，我再問他們：「曾經有偷竊行為的，請舉手。」竟然有一半的學生勇敢地舉手。

偷竊的確是學生普遍的不良行為，只是程度嚴重或輕微、時間長期或短期的差別而已，及時的教育真的很重要。

小翰的暴躁脾氣也是我深感困擾的難題，罵他，叫他罰站、罰寫都試過，沒甚麼用。有一次在午餐排隊打飯菜時，突然聽到他和排在最前面的一個男生起了口角。接著，我抬頭看時，他已將手上的空便當盒往那個男生砸過去，不偏不倚地打到那男生後面的一個女同學的臉。女同學的下巴被便當盒邊緣割傷，立刻冒出大量鮮血，我趕緊請同學帶她去健康中心處理。但這時，小翰竟然還氣呼呼地罵那位男同學，完全沒因為自己的行為而愧疚。

當下我把他叫出教室，只問他：「你很生氣嗎？」他點點頭，看得出他情緒仍是高漲。於是，我要他從教室的位置（三樓）跑樓梯到五樓再下來，他照做了。下來時，我再度問他：「你還是很生氣嗎？」他依然點點頭。我又要他從三樓跑到一樓，再從一樓跑到五樓，再回到三樓來。回來後，我仍舊問他：「你還在生氣嗎？」他還是點點頭，我要他再跑一趟樓梯。

第三趟回來時，我看到他已經氣喘吁吁。當我問他：「你還在生氣嗎？」他終於搖搖頭。我讓他站在原地，等他舒緩一些後，再跟他談傷人事件。這時，他承認自己做錯了，也願意向女同學道歉。我終於找到了一個處理他情緒的方法。之後，只要當他情緒起伏強烈時，我就會先讓他跑跑樓梯，耐心地等他消化情緒後，再教導他正確的觀念。這方法對他非常有效。

我一直思考著要如何幫助小翰。於是，我開始帶他回家吃飯，常常煮些他喜歡吃的飯菜，讓他在我家感受到家庭的溫暖。其實他並不笨，所以我也利用飯後時間陪他做功課，讓他在學業上有些好表現，以增加自信。有時，我會跟他聊聊天，了解他的日常生活、和同學的相處。

他其實是個心地善良的孩子。我無法每天帶他回家，但我知道他會流連網咖。因此有時候假日我會到網咖去找他，跟他說要早一點回家，希望盡我所能地讓他感受到有人關心他。

六年級時，我特地安排小翰參加運動會的跳高比賽，鼓勵他努力練習，並允諾在運動會當天會把他的母親請到學校來看他比賽，我看到了他眼中的期盼。我費了九牛二虎之力，才請到他的母親。小翰的母親住在台北市，星期六又要上班（運動會那天）。她本來委婉地拒絕我，但我使出渾身解數來說服他母親，讓她知道小翰有多麼期待能表現給她看。一年就這麼一次，孩子大了可能也沒機會表現了，終於獲得他母親的同意。

小翰真的很努力，每天不斷練習跳高。運動會當天，見到了母親的他，眼中泛著淚光，並且很爭氣地得到了第三名的榮耀。我知道，我做對了一件事。

我努力為他做了許多事情，就是希望他不要放棄自己。他不曾跟我道謝，畢業後也消失得無影無蹤。但沒想到，前兩年他當完兵之後，竟然回到學校來看我。經過了十年，我差一點認不出他。很高興的是，他沒有變壞，已經在工廠上班。學生記得我，並且過了那麼久還會再來找我，真是我當老師最大的安慰。

水濂洞大王的翻轉

從小到大遇過很多老師，但是對多數老師的印象是差的，所以大學聯考填志願時，媽媽要我填師範學院，我完全不理會她，一個也不填，只想離家越遠越好。最後，填了台大森林系，如願離家北上，開始一個人的生活。

沒想到，在大學唸書兼家教時，對當老師產生了興趣，覺得學生好可憐，都遇不到真正關心他們、懂他們心聲的好老師。

於是，念完碩士班後，我毅然決然放棄唸博士班的機會，走上教育之路，一切從頭開始。我努力考上了師資班，考上教師甄選，成為一位小學老師。雖然被母親責罵、被親友嘲笑，多走了一趟冤枉路，浪費了六年的青春，到頭來還是當老師，但我不後悔。在台大六年，讓我學習很多，也成長很多。如今，選擇當老師不是因為鐵飯碗（當初母親就是因為這個原因要我當老師），而是對教育有份熱忱、有份期待，希望可以藉由自己的努力，造福下一代，幫助更多孩子，順利快樂地成長，不必像我一樣擁有一個苦澀哀傷的過去。

如今，教育現場有著更多處在困境中的學生，主要是因為現在家庭及社會已不像從前那般單純。家庭本身的各種問題影響著孩子，不只是有缺乏關愛的孩子，更有許多因父母太過溺愛而被寵壞的孩子，有時父母因著各種狀況沒有與學校、老師一起合作，有時候所做的事情與所說的話，反而與學校以及老師相左，甚且孩子被罰被罵，就用放大鏡指責學校及老師。

如果老師再用過去「愛之深，責之切」的方式來教育學生，受挫最大的可能會是自己。當父母與老師彼此無法合作，甚而對立的時候，最大的受害者就是孩子了！

自從我學了阿德勒的理念後，常常提醒自己對學生的態度及做法上要多使用鼓勵的方式。現在雖沒有帶班級，但在上科任課時，我會特別留意自己的態度，隨時把握機會去鼓勵孩子做出對的行為，也避免用責罵去對待有錯誤行為的學生，而是去看到他行為背後的原因，適時包容、接納及等待，以及引導，相信所有學生都是可以改變的、可以教導的。

每個孩子都有他的亮點，需要我們去發掘。就像小時候的我，透過鍾老師的信賴與肯定，我看到我自己原來也可以有所成就及貢獻。

在回顧自己的成長過程後，覺得自己就像水濂洞裡那隻狂妄自大的美猴王，還好生命中曾經遇到國小高年級的鍾老師，他就像阿德勒再世，翻轉了我的人生，也在冥冥之中引領我走向教育之路，完成「育人」的重要任務。

在我的教室裡、學校裡，也存在著很多的水濂洞大王，期許自己也可以像鍾老師、像阿德勒一樣，用愛去看見他們、引導他們。

王震宇

現任職於新北市光華國小輔導主任，曾就讀高雄女中、臺灣大學森林學系及研究所碩士班、國立臺東師範學院師資班。

小學階段是個錯誤行為不斷的孩子，幸好遇到好老師的指引，有感於教育的重要而決定投身教職。

結語

為兒童學習而教：小學教師的輔導實作經驗分享

——吳淑禎．郭慧萱

在生命的前十年，除了父母，小學老師在每個孩子的成長過程中占有重要的一席之地，老師的一言一行影響到孩子對自己、對人、以及對世界的解讀方式，成為孩子童年記憶的重要人物。有人說老師是孩子在學校的父母，也是引領孩子找尋人生正確方向的生命導師。

本書作者群是一群熱愛兒童輔導工作的教師，也是一群認同阿德勒學派理念的教學現場工作者，感謝許多因緣讓我們相聚一起，在此要感謝曾端真教授（前國立臺北教育大學副校長）的引介讓我們有機會認識四零四科技股份公司所屬的ＭＯＸＡ心源基金會。在基金會的經費支持與志工協助、新北市光華國小行政和場地支援，張英熙老師（台北市立大學副教授）、吳淑禎老師（臺灣師範大學副教授）、吳珍心理師以阿德勒學派理念規劃二年期心靈導師課程、吳毓瑩老師（國立臺北教育大學教授）全力協助方案推動，以及本書所有現職小學教師的參與，我們組成心靈導師社群。藉由社群，我們分享與交流教育孩子的經驗，支持每位老師面對的挑戰，一起為台灣的小學教育努力。

本書的出版，要感謝遠流出版社的支持，教師群以自己實際輔導學生的心路歷程，包括信念、方法、過程的挫折以及孩子的改變，以具體的例子呈現，希望藉由案例的分享，讓更多關心兒童教育的同好，可以了解我們實務運作情況。

我們並不完美，但以成就每個孩子為目標，過程中挫敗的經驗，可以供您反思更好的輔導策略，成功的經驗更歡迎揀取推廣，同時也請您不吝指教，讓我們在教育的路上，可以更貼近孩子的需要，陪伴他們成長、放手他們獨立。

一、正向看待孩子

我們對教育抱有高度熱誠，認同阿德勒學派所主張的平等、尊重與鼓勵，重視孩子社會情懷即共好的態度培養。書中諸位老師的教育信念中，都顯示：「信任」、「陪伴」、「鼓勵」、「接納」、「堅持」、「不放棄」的精神。淑妤老師認為**「相信孩子，孩子就會在信任的環境中發生改變」**；燕婷老師強調**「不是看到希望才去堅持，而是堅持了才看到希望」**，凱莉老師重視**「陪伴孩子，讓孩子有機會嘗試，而且向錯誤學習」**；艾倫老師主張**「老師先能接納自己的不完美、面對自己的瓶頸，就更能理解孩子，貼近孩子」**；玉梅老師力求**「為**

孩子建立目標，讓孩子有努力的方向與練習的機會」；幼良老師選擇「**重新認識孩子，不讓過去的標籤阻礙老師看見孩子的亮點**」；震宇老師致力「**讓孩子感受到有人關心他，希望他不要放棄自己**」；麗淑老師相信「**每個學生都有發揮的舞台，只要耐心等待**」；慧萱老師強調「**培養脆弱易感孩子的韌力，讓他們在愛的鼓舞感受中，對人產生信任**」；俞芳老師覺得「**永遠不要放棄孩子！孩子不是壞，只是需要有人推他一把，協助他成長**」；書悉老師重視「**在孩子怯弱無助時給予力量，給予再踏出一步的勇氣**」；慧豐老師在乎「**接納孩子的情緒，陪孩子一起面對失望與挫折**」。

二、了解孩子的困難

抱持對教育的熱忱，回到教學現場，孩子的困難與不良行為，成為試煉老師最直接的挑戰。小力被醫師診斷自閉症伴隨注意力不足及過動，上學心情低落、放棄學習。一對小兄妹活在母親憂鬱症與不想活的壓力下，學習有一搭沒一搭，身體甚至出現異味。小偉與小班經常與同學發生衝突，成為同學告狀的對象。小克與小寶，會在上課製造聲音，甚至與老師僵持不下。湯姆不愛上學，經常逃學，一轉眼就落跑，學務處、輔導室老師常外出找人。小翰會偷外婆的錢去打電動，外婆怎麼罵他也沒用。小培不是動不動對同學拳腳相向，就是和老師發生衝突。

小威愛說髒話，時常生氣、和人起衝突，甚至欺負同學、頂撞老師。小馬打人、破壞公物，以整人為樂。阿德脾氣一上來，就變身成暴怒的野獸四處衝撞，而且有嚴重的偷竊行為。固執的小強無法控制自己的情緒，總是用打人來發洩。

對於孩子所呈現的困境，**阿德勒學派主張必須從孩子的觀點來了解，小孩和成人一樣都需要在他所處的環境中，找到歸屬感、能力感、以及自己的重要性**。當環境不利於孩子或孩子遭遇各式各樣的困難時，每個孩子就會用他自己覺得有道理的方式持續前進，甚至創造他認為有效的方式來因應困難及挑戰，然而兒童的思維邏輯還不夠成熟，有些孩子就會出現錯誤的觀念與行為反應，如果教養的人沒能及時扭轉這種行為模式，就會循著這個路線發展，等他們以後長大了，也會出現同樣的錯誤行為模式。

三、發掘孩子的亮點

家庭是照顧孩子成長最理想的地方，如果父母及其他重要家人，無法協助孩子修正或調整錯誤方向，學校教育和老師，就成為改變孩子行為模式的重要場所與關鍵人物。用心觀察與發現孩子的長處與特質，有助孩子感受到自己的價值與獨特性，也是引導孩子朝向正向改變的重要基礎。老師們不僅關注到孩子的困難，也努力在發掘孩子的亮點。

淑好老師注意到小力雖然學習情緒低落、注意力不足，卻喜歡閱讀與畫圖；**燕婷老師**發現媽媽精神狀況不佳的小兄妹，哥哥會煮飯、洗衣服，還會餵四歲的么妹吃飯，而妹妹則會幫忙洗碗，還喜歡畫畫讀故事書；**凱莉老師**觀察到小偉個性很爽朗、小達很會拼拼圖；**艾倫老師**注意到小克是個熱心的小孩，而且力氣大；**玉梅老師**指出小寶會主動幫忙開教室的燈；**幼良老師**發現常逃學的湯姆，眼睛很大，五官很端正，還會表演手指頭反折一八〇度的軟骨功；**震宇老師**觀察到小翰對跳高有興趣，能夠代表班上參加比賽；**麗淑老師**看到小培火爆的外表下，有著一顆善良而寬容的心；**慧萱老師**察覺小威節奏感很好、喜歡跳舞，而且有責任感、講義氣；**俞芳老師**發現小馬在行政處室幫忙發送資料時，展現高度服務熱誠；**書悉老師**看到阿德常常幫忙做事，修好班上很多東西，打掃也很用心；**慧豐老師**發覺小強喜歡看故事書，而且看書時非常專注。

四、導正孩子的行為

老師看待孩子的觀點、管教孩子的方式，都會影響孩子的人格成長。**每個老師有自己的經驗背景，也都有自己的專業與特色風格，不需要跟誰一樣，只要帶著真心，在孩子的困難或需求上，給出協助，就有新的可能**。本書作者群很有默契，主張從孩子的觀點來理解世界，同時努力發現孩子原來即具備的特質與能力，並將這些優勢特質，作為導正孩子的困難或偏差行為的基礎，進而擬定差異化與個別化的輔導策略。

淑好老師為小力設定明確的短期目標，先從願意上學與參與學習開始。一方面同理小力在學習上的挫折，另一方面仔細觀察小力的學習狀態，徵求小力父母同意讓他放學後可以留在學校，在課後的時間或學習空檔由淑好老師找機會指導小力寫作業，在班上公開肯定小力的進步與努力，並且努力讓小力的其他任課老師有機會了解小力的長處與努力，連結教師同事以及班上同學的力量，讓小力從放棄學習的挫敗中再出發參與學習。

燕婷老師知道小兄妹的家庭困境，優先解決孩子吃的問題，啟動里長與社工等社區資源，緊急安置孩子，協助重鬱的媽媽就醫，讓孩子的生活可以穩定，不會失序。燕婷老師接著撫慰孩子的心，一方面找孩子聊，讓孩子知道老師了解他們難過的感覺，同時也指出孩子對媽媽的貼心，能夠獨立自理而且照顧更小的妹妹。從生活起居到上下學協助，在孩子最困難的時候，燕婷給出最大的陪伴、時間與人力的資源支持。

面對小偉與小班經常與同學發生衝突的事件，**凱莉老師**先確認自己的情緒不會隨著學生的情緒而波動，理解衝突的雙方都有不平想說，除了讓雙方有時間可以讓情緒冷靜，並努力「傾聽」，讓雙方都有機會好好的說、也有機會被好好的「聽」，凱莉老師傳遞出對衝突的接納，認為這是不同意見的溝通學習機會，再以團體討論引導孩子找生氣以外的衝突處理方式。

艾倫老師是小克的健康科任老師，目睹小克與導師僵持不下，在緊張的氣氛中，注意到小克的手緊捏著紙不放，她慢慢靠近小克，以同理心態度說出小克的感受，緩和了師生間的情緒。接著，艾倫老師指導小克使用「我訊息」表達自己的情緒與需求，練習為自己負責，同時引導小克學習如何道歉。

玉梅老師親自示範孩子如何打招呼，引導孩子在一天的開始，就能傳遞正向的情感給彼此；也運用團體討論，引導孩子從班上男女同學分組玩遊戲的比賽結果，討論輸贏雙方的感受，並學習同理他人、將心比心的共情能力。對於小寶在教室敲敲打打所發出的怪聲，老師選擇與家長一起合作，為小寶訂定尊重同學說不的權利，讓小寶知道界線的拿捏。

幼良老師擔任湯姆的導師，第一天上學，她發現湯姆不到七點十分就到校，就賦予湯姆責任，請他協助擦桌椅，而且親自示範，並把握這個機會，告訴湯姆「老師以前也不喜歡上學」，同理與接納湯姆的狀況。老師在班上公開肯定湯姆的服務，為湯姆設立學習目標，爭取獎學金，要班上同學一起激勵湯姆，並連結媽媽、補救教學班老師一起努力，希望湯姆不再翹課。

震宇老師在父母離異，與外婆同住的小翰身上，看到自己叛逆的童年，於是他在理解、導正小翰的行為之外，更給予他自己曾經渴望的陪伴與關愛，帶他回家吃飯，常常煮些他喜歡吃的飯菜，讓他感受到家庭的溫暖。並利用飯後時間陪他做功課，讓他在學業上有些好表現，能增加自信；跟他聊天，了解他的日常生活、和同學的相處情形。假日則到網咖找小翰，跟他說早一點回家，希望他能感受到有人關心他。

麗淑老師注意到小培激動的情緒多半由身體的不適所引發，她除了提醒家長讓小培按時服藥之外，更帶著他主動向同學說明自己的情況，學會道歉也感謝同學對他的原諒，老師一步步的引導他練習表達自己的不舒服與需求，同時邀請父母在家一起協助，希望讓小培學會表達及管理自己的情緒，也能夠為自己的行為負責。

慧萱老師看見小威帶刺的盔甲下，孤單而脆弱的心靈，於是先用無條件的接納，和小威建立起愛與信任的關係，不做任何評價的傾聽小威的想法，同理他的情緒與感受，再慢慢帶著他同理別人的感受，並學習用我訊息和其他人溝通；同時，老師鼓勵小威參加熱舞大賽，並賦予他資訊長的重任，讓學科成績不好的小威，在其他活動中，得到認同感、價值感與能力感，進而重拾學習的勇氣。

俞芳老師和小馬父親一起勸服了小馬上安親班，讓他放學後不會在外遊蕩，並能準時完成作業；親師一起合作讓小馬在學校和家庭都能得到鼓勵，也可以在學習和情緒方面持續進步。

書悉老師和阿德母親密切聯繫，理解阿德偏差行為背後的原因，以鼓勵代替責罰，以同理替代說理，陪伴阿德面對自己的情緒；老師的努力也讓媽媽，對阿德少了打罵，更努力陪伴阿德。另外，書悉老師也向學校輔導室提出申請，讓阿德有個別輔導與團體輔導支持。

面對會以哭鬧、摔東西、打人來發洩情緒的小強，**慧豐老師**並不急著直接處理事件，而是先安撫他的情緒，協助小強在情緒冷靜後，能夠慢慢陳述，並藉由提問，引導小強釐清事情脈絡，一起找出有效的解決方法。也與輔導老師合作，以約定不生氣的方式來改變小強的行為，並運用繪本故事閱讀來提升小強的同理心能力。

五、挺過挑戰與挫折

協助孩子的過程，老師們有著教育的熱情以及長期累積的輔導知能，然而陪伴過程並不如想像中容易與順利，不論是孩子、孩子的家庭、還有老師自己或其他外在因素，往往出現挑戰與挫折，如何挺過這些壓力與低潮，就看老師的韌力所在了。

淑妤老師即使與小力討論與確切的約定，然而小力還是不肯寫作業。淑妤老師十分煩惱，幾乎就陷在泥淖當中，然而淑妤老師就是不願放棄，回顧並與同儕討論還有哪些方法可以協助小力。隨後調整方向，提升班上同學的同理心，強化同儕對小力的接納與鼓勵，建構更多小力與同學可以正向互動的活動機會。

燕婷老師為了讓小兄妹能穩定上學，每天去接孩子上學。然而有一段時間，孩子沒來上學，去按小兄妹家的門鈴，卻一直無人回應，讓燕婷老師陷入無能、沮喪，甚至有了想放棄的心，只是內心卻有另一個聲音對自己說「順路嘛！別這麼懶，只要下車去按門鈴一下，也許他們就出現了，坐在車內的燕婷老師子女，也鼓勵媽媽別放棄。因為這個堅持，及時發現小兄妹的媽媽企圖要攜子自殺的危機。

凱莉老師處在緊張作業無法準時批改，又想好好處理孩子事件的心理拔河中，有時候情緒也被許多事給激怒了，心情與孩子一樣，都感到挫折無助。愛孩子的心，讓凱莉老師努力試著讓自己從衝突狀況中抽身，從旁觀者的角度來體會衝突雙方的情緒，選擇先關懷人，再處理事。

艾倫老師是位新手教師，面對孩子與導師的衝突，觸發艾倫老師害怕衝突的個人困境，其實她在遇到衝突時，害怕看到別人不開心或生氣，總是選擇退讓。輔導社群的支持，讓艾倫老師承認與接納自己內在的恐懼，產生面對失敗的勇氣，也啟動她處理孩子衝突與表達教師本身情緒的能力。

玉梅老師看到孩子上課時不能專心，不是玩抽屜的物品就是和隔壁同學說話，感到好困擾，甚至常聽孩子們抱怨樓上班級的拖把滴水。這樣的煩惱，有了教師團體的支持與經驗分享後，玉梅選擇向孩子提問，在團體討論的運作中，請學生共同思考這些問題的處理策略。

幼良老師剛轉任新學校又是自己最不想擔任的高年級導師，不僅要適應新環境，也要調適自己的心情，更要處理湯姆的逃學狀況，好多壓力同時出現。雖有擔心，但多年的教學經驗告訴自己要勇於承擔。她邀請湯姆媽媽，一起為減少湯姆逃學努力，卻屢遭拒絕甚至得到不友善回應，幾乎要死心的幼良老師，想到童年經驗對人的影響，選擇再出發，終於找到有影響力的湯姆舅舅，與英文科老師、班上同學，合力協助湯姆。

小翰的暴躁脾氣讓震宇老師深感困擾，試過好多方法都沒有用。在一次傷人事件後，她看出小翰犯錯後仍沉浸在生氣的情緒當中，完全沒因為自己的行為而愧疚，**震宇老師**陪著小翰上上上下下跑了三趟樓梯，耐心地等他情緒緩和之後，才與小翰討論他的行為。

麗淑老師一到新學校，就在忐忑不安的心情中接了所謂的「後母班」。開學第一週，遇上噴火龍小培毫不留情的挑戰，小培不守規定、傷害同學的脫序行為，讓老師繃緊了神經。麗淑老師除了用堅定的原則和孩子溝通，也努力協助孩子解決生理上的問題，進而邀請全班同學和家長一起陪伴小培練習如何正確表達自己的感受。

剛開始，**慧萱老師**被小刺蝟扎得遍體鱗傷，她一方面鼓勵孩子，同時也鼓勵自己不要被孩子的起起落落所影響，尤其努力讓自己不被小威目中無人的態度所激怒。慧萱老師帶著孩子做團體討論，讓他們在討論中釐清自己的情緒與處理方式所造成的結果，也練習理解別人的想法，學習選擇用不傷害別人，而自己也能接受的方式來處理生氣的情緒。

俞芳老師遇到小馬時，才剛帶完一個會讓她在清晨四點驚醒並且開始煩惱的中年級班級，心中仍纏繞著揮之不去的的氣餒。伴隨著心靈導師社群的學習歷程，俞芳老師試著利用表達關愛的具體方法與小馬建立信任關係，運用鼓勵、我訊息、團體討論協助他減少偏差行為，並從家庭的手足關係了解他的性格，探索他的個人邏輯，希望幫助小馬勇敢面對生活上的挫折與挑戰。

書悉老師的新班級中有好幾位接受輔導的個案學生，開學兩個月後，每天仍有處理不完的狀況，他的內心感受到巨大的壓力與挫折，而面對猶如不定時炸彈的阿德，更讓他身心俱疲。藉由在心靈導師計畫中的學習，書悉老師練習用阿德的眼、耳、心來看世界；因理解而包容，終於回到教育的初心。他鼓勵阿德，協助其他孩子與阿德相處，並幫助家長調整管教方式，同時，書悉老師學習以較從容的態度陪伴阿德，用「我訊息」向孩子表達自己的感受，幫助阿德學習如何適當的與別人溝通。

慧豐老師對小強一連串的脫序行為感到苦惱，當小強情緒不穩時，她常常要在上課時放下其他孩子和教學，來處理小強的突發狀況，同時又擔心上課進度和其他孩子受到影響，這讓慧豐老師陷入兩難，一向把學生當作自己孩子的她，為了尋求解決之道，參加了阿德勒心靈導師團體，學習同理心、鼓勵及我訊息的運用，好好的和小強對話，減少彼此的摩擦，藉以緩和小強的情緒。

六、追蹤孩子的改變

改變不是容易的，尤其偏差行為已形成，要從覺察錯誤到願意調整，再到減少次數，再到沒有偏差，再到有正向行為，最後到孩子能夠自主控制不良行為出現，表現正向行為，是一個學習建構歷程，顯然這不是送到學務處或輔導室，一次或短期就能解決與到位，需要時間、耐性，需要導師、科任教師、輔導教師、同學、家長以及學校各種行政與輔導資源協助，一起鼓勵、支持、與陪伴當事人改變自己的行動。

淑妤老師陪伴小力一年半的時間，讓小力從上學心情低落、放棄學習，逐漸有了笑容，比較願意準時上學，在感興趣的國語課會舉手發言，提出分析和推理。漸能感受到同學的接納和友誼，全班挑戰「美麗閱讀一零三」成功獲獎三千元獎學金，小力獲得個人傑出獎。升上五年級的小力，有時會回來找淑妤老師聊天，五年級的老師也說小力仍在持續進步中。

燕婷老師的協助，讓小兄妹的學習可以維持穩定，然而母親的重度憂鬱必須長期治療，為避免親情分離以及育幼院所提供的床位，可以讓小兄妹住在一起，只得轉學中部。燕婷老師希望孩子帶著祝福到新環境，在導師及班上同學的支持下，為哥哥安排一場球賽，全班把可以拿到球的機會都給哥哥，也將禮物與卡片送給小兄妹，學校的主任、校長為小兄妹拍照並贈送紀念品給他們，希望小兄妹的心裡可以留下一份愛的力量。二年過去了，燕婷老師仍持續追蹤關懷，再見面時，小兄妹長大許多，哥哥參加田徑和跆拳道校隊，妹妹在直排輪及舞蹈方面表現突出。

凱莉老師的引導，看到小偉漸漸能夠覺察自己的情緒，具體表達自己的生氣對象與程度，也學會在衝突出現時，能夠與凱莉老師討論如何解決；小班口出惡言批評同學的情況減少了，耐性增加了，不合作的眼神也不見了。

艾倫老師進入小克的角度，說出小克與導師僵持的可能原因，軟化了小克的態度。持續的同理與鼓勵，讓小克漸能面對自己的行為。例如，小克願意為自己在教室製造聲音影響大家上課的的行為道歉。上課想吃餅乾的欲望，也從團體討論中學會克制欲望，忍到下課才吃。

玉梅老師的以身作則，親自示範，讓班上孩子學會一早進教室，就能夠互相打招呼，家長來到學校協助時，也能向家長問好。同理心的訓練，讓這一群拖把擰不乾的二年級小朋友，想到在拖把下方放抹布，解決水往下滴，造成樓下班級困擾的問題。對於小寶製造噪音干擾上課的行為，在玉梅老師耐性說明與鼓勵中，已有遵守班級規範的能力。

幼良老師充分把握每一個與湯姆互動的機會，為湯姆示範如何擦桌子，給了湯姆服務大家的表現機會。在取得最有影響力的湯姆舅舅、其他師長以及班上同學共同合作的努力中，湯姆的作業從認不出來在寫甚麼，到字跡有九成可以辨識、國語考試達九十以上。尤其，最重要的是他從此不再逃學了。

有了**震宇老師**的關愛，小翰很認真準備跳高比賽，得到第三名佳績，不僅有勇氣承認自己的錯誤，也願意學習負責。十年過去，有一天當完兵的小翰回到學校看老師，老師已經快認不出他來了，最高興的是，小翰沒有變壞，他在工廠努力工作著。

麗淑老師的耐心和理解，讓小培在安全的環境裡受到接納，也逐漸改善和同學、老師的關係。最後小培選擇接受翻倒的蛋糕，班上的活動如期舉行。同學們發現小培不再是小火龍，而是一個能夠照顧班上同學需求的大英雄。

慧萱老師用愛填滿小威寂寞與匱乏的心，讓他漸漸收起身上的刺，對周遭人事物的敵意減少了。得到同理與接納的小威變得喜歡上學，沒有再欺負同學，沒也有再頂撞老師，轉而在舞蹈領域努力練習，也參與社區服務，學習主動對有需求的人付出關愛。

俞芳老師安排一些小任務，讓小馬有機會從服務中獲得肯定，也漸漸學會做事的要領。升上高年級後，新導師提到小馬仍然會有許多違反行為出現，這位導師除了規範他要訂正作業，也安排小馬到行政處室幫忙，這讓兼行政工作的俞芳老師能再次與小馬相聚，並藉此陪伴小馬學習自律與如何完成任務，這個練習過程，讓小馬建立起自信，成為值得信賴的小幫手。

書悉老師不斷鼓勵阿德，讓阿德對人產生信賴感，獲得人際互動上的勇氣，不會因為和他人意見不同，就馬上挫折、生氣，加上親師一起合作以及輔導室的協助，阿德的情緒及學習狀況逐漸穩定，說髒話的頻率減少了。

慧豐老師耐心的帶著小強學習管理自己的情緒，同時配合輔導老師，觀察小強與人互動發生摩擦時解決的方式，漸漸的，她發現小強遇到自己不能接受的狀況，會先趴在桌子上調整情緒，情緒波動漸趨緩和，打人的狀況明顯減少。

七、結語

孩子的錯誤或偏差行為，可以如何被了解？阿德勒學派主張行為背後的目的都與歸屬感（connection）、能力感（competence）與重要性（counts）三個C有關，也就是「愛」。

每個人都需要與人有所連結、需要在所處環境中找到自己的位置、覺得自己有能力，但也許在成長過程中所建立的方式不當或沒有預備好，導致方向錯誤，而以自卑、自大甚至自傷、傷人的方式，在家庭、學校、社會過生活。老師的努力，讓孩子們有機會在兒童時期及早調整錯誤，朝向對自己、對社會有利的方向做改變。

美國心理學家 Berndt 在其出版的《韌性》一書提及，曾經有一所學校在辦公室張貼所有學生的照片，讓每位老師在自認可以建立關係的學生照片上，貼上一枚閃閃發亮的小星星。其中有一位學生居然沒有任何半顆星星。經過追蹤發現，這位學生有很多不足之處，學習與家庭都出現許多困境，很少被關注到既有的能力。這個情況引起所有教師們的反思，也決定要當這個孩子的支持者，努力觀察與記錄孩子的優點，引導這個孩子認清自己的長處與短處，逐步建立起良好關係，後來這位不善與人接觸的孩子，不僅在社交與情緒能力有明顯進步，而且變得更堅強。

顯然，教育不論在哪兒，只要能夠培養孩子對自己的信心、對人的信任與愛，就能教會孩子做好面對生命任務的準備。在教育孩子的過程中，生活點滴處處是機會也是挑戰，每個老師有自己的風格，也有自己的課題，本書教師群帶著勇氣與不放棄的心，面對孩子在成長中的各種挑戰，視其為學習機會。其次，也抱持對教育的使命感，在有限的生命中，持續扮演學生背後的支持者，鼓勵他們勇於開創自己的人生，不論挫折或成功，在重要時刻，當他們忠實的聽眾以及加油打氣的支持者。

謹向本書的教師群以及所有在教育現場的老師和關心教育的朋友們致敬，謝謝您們為孩子的人生所做的努力，讓我們持續耕耘扎根，培育具有社會情懷的人才，厚植人世間的善與仁慈。

阿德勒愛與引導在教育的實踐

—— 12 個幫助孩子發展歸屬、信心、貢獻的教育現場故事

主　　編　吳毓瑩・吳淑禎
著 作 群　張燕婷・蘇幼良・郭慧萱・陳書悉・陳俞芳・吳淑妤・
　　　　　王麗淑・陳凱莉・蘇玉梅・蔡艾倫・張慧豐・王震宇
責任編輯　蔡曉玲
行銷企畫　李雙如
美術設計　賴姵伶
封面插圖　恩佐

發 行 人　王榮文
出版發行　遠流出版事業股份有限公司
地　　址　臺北市南昌路 2 段 81 號 6 樓
客服電話　02-2392-6899
傳　　真　02-2392-6658
郵　　撥　0189456-1
著作權顧問　蕭雄淋律師

2017 年 9 月 28 日　初版一刷
定價 新台幣 300 元（如有缺頁或破損，請寄回更換）

ISBN 978-957-32-8071-2
遠流博識網 http://www.ylib.com
E-mail: ylib@ylib.com

國家圖書館出版品預行編目 (CIP) 資料
阿德勒愛與引導在教育的實踐 / 吳毓瑩，吳淑禎主編 . -- 初版 . -- 臺北市：遠流，2017.09
　面；　公分
ISBN 978-957-32-8071-2(平裝)
1. 教育輔導 2. 小學教學 3. 個案研究
523.64　　　　106016101